철도의 눈물

철도의 눈물

1판1쇄 펴냄 2013년 10월 17일
1판3쇄 펴냄 2013년 12월 30일

지은이 | 박흥수

펴낸이 | 박상훈
주간 | 정민용
편집장 | 안중철
책임편집 | 이진실
편집 | 최미정, 윤상훈, 장윤미(영업)
업무 지원 | 김재선

펴낸 곳 | 후마니타스(주)
등록 | 2002년 2월 19일 제300-2003-108호
주소 | 서울 마포구 합정동 413-7번지 1층(121-883)
편집 | 02-739-9929, 9930
제작·영업 | 02-722-9960
팩스 | 02-733-9910
홈페이지 | www.humanitasbook.co.kr

인쇄 | 천일 031-955-8083
제본 | 일진제책 031-908-1407

값 13,000원

ⓒ 박흥수 2013
ISBN 978-89-6437-193-0 04300
      978-89-90106-16-2 (세트)

이 도서의 국립중앙도서관 출판시도서목록(CIP)은 e-CIP
홈페이지(http://www.nl.go.kr/ecip)와 국가자료공동목록
시스템(http://www.nl.go.kr/kolisnet)에서 이용하실 수 있
습니다(CIP제어번호: CIP2013019373).

박홍수 지음

철도의 눈물

후마니타스

차례

여는 글___파업의 기로에 선 철도 기관사의 변　7

1부　철도를 보는 새로운 눈

1　한국 철도의 다섯 가지 비극　　　　　　　　　23
2　철마는 대륙을 달리고 싶다　　　　　　　　　31
3　철도는 네트워크다　　　　　　　　　　　　　39

2부　민영화는 효율적이라는 환상

4　민영화 바이러스　　　　　　　　　　　　　　47
5　민자 사업의 민낯　　　　　　　　　　　　　　54
6　마을버스가 다니는 동네, 지하철이 다니는 동네　62
7　공공성이 사라진 나라　　　　　　　　　　　　68
8　프랑스 철도에서 배울 점　　　　　　　　　　75
　부록 1 | 파리의 뒷골목에서 바라본 서울　　　　80

3부　민영화 탐구생활

9　　당신의 지하철은 안녕하십니까?　　　　　　97
10　열차 사고, 어떻게 볼 것인가　　　　　　　112
11　대중을 위한 대중교통 정책 없다　　　　　　124
12　코레일은 왜 용산 개발 사업에 뛰어들었나?　131
13　철도 서비스 유감　　　　　　　　　　　　　139
14　민영화로 사라지는 것들에 대하여　　　　　144

4부 철도 민영화 정책 해부

15 민영화의 기원	153
16 지하철 9호선의 비극	158
17 한국 철도 민영화, 대재앙의 시나리오	168
18 민영화를 위한 사전 포석, 관제권 이관 시도	177
19 속전속결 민영화	185
20 모회사와 경쟁하는 자회사	192
21 국토부의 거짓말	201
22 철도 적자의 주범	212
23 국책 연구원의 청부 용역	219
24 독일에는 없는 독일식 모델	223
부록 2	국제심포지엄 풍경___유럽과 일본 철도의 교훈	226
부록 3	한·독 철도 전문가 대담___독일은 한국의 모델이 될 수 있을까	231
닫는 글___사회를 생각하는 철도 정책	241
부록 4	한국 철도 구조 개편 및 민영화 추진 연표	246

일러두기

1. 한글 전용을 원칙으로 했다. 고유명사의 우리말 표기는 국립국어원의 외래어 표기법을 따랐다. 그러나 관행적으로 굳어진 표기는 그대로 사용했으며, 필요한 경우 한자나 원어를 병기했다.
2. 이명박 정부 당시 철도 관련 주무 부서는 국토해양부였으나, 현 박근혜 정부에서는 국토교통부로 바뀌었다. 다만, 두 시기 모두 이를 국토부로 약칭했기 때문에, 본문에서도 이를 국토부로 통칭했다.

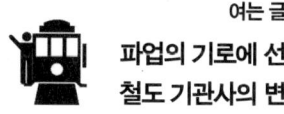

여는 글
파업의 기로에 선
철도 기관사의 변

1

2013년 6월 27일, 철도노조는 이날까지 3일간 진행된 파업 찬반 투표 결과를 발표했다. 수서발 KTX 경쟁 체제 도입을 시작으로 한 정부의 철도 민영화 계획에 대해 철도 노동자는 어떻게 할 것인지를 묻는 투표였다. 결과는 모두의 예상을 뛰어넘어 89.7퍼센트라는 높은 찬성률을 기록했다.

철도노조 역사상 이렇게 높은 파업 찬성률을 보인 것은 처음이다. 철도노조가 강성이라서 그렇다고들 오해할 수도 있겠지만, 지난 11년간 철도 노동자가 파업으로 열차 운행에 지장을 준 것은 불과 네 차례, 총 19일이다. 그나마 가장 최근에 있었던 2009년 8일간의 파업은, 법 개정에 따라 철도가 필수 공익 사업장이 되면서 파업 시에도 노조가 기본 운용 인력을 제공하도록 강제되어 전면적으로 운행이 중단된 것이 아니었다. 결국 실제로 열차가 운행을 멈추었던 기간은 지난 4천여 일 가운데 열흘 남짓이다.

7

철도는 달리는 게 제 역할이다. 내 주위의 철도 노동자들, 나와 같이 열차를 운전하는 기관사들만 봐도 열차를 세우고 싶어 하는 사람은 없다. 열차를 정비하는 동료들이나 역에서 이용객을 맞이하는 역무원들도 파업을 원치 않는다. 동료들은 모두 열차가 달리는 것을 순박할 정도로 좋아하는 사람들이다. 이런 사람들이 열차를 세우겠다는 것은 그만큼 소중한 무엇이 있다는 뜻이다. 이들이 파업을 결의했다면, 출퇴근길 불편을 걱정하기에 앞서 왜 파업을 하게 됐는지 그 이유를 주목해 보면 좋겠다. 나는 지금부터 그 이유를 말하려고 한다.

2

노동조합은 노동자의 권리를 구현하는 곳이다. 그런데 한국의 노동조합은 국가 경제를 좀먹는 이익집단으로 치부된다. 언론에서는 강성 노조 때문에 외국자본이 떠나고 국내 투자가 어려워진다고 한다. 그러나 고용노동부가 공개한 한국 노동자의 노동조합 조직률은 2010년 기준 9.8퍼센트로 90퍼센트에 가까운 노동자들이 노동조합의 보호조차 제대로 받지 못하고 있으며, 이마저도 갈수록 떨어지고 있음을 보여 준다.

사실 지난 20여 년간 한국 노동운동의 화두는 노동조합운동의 위기였다. 위기는 조직률의 하락으로만 나타나지 않았다. 정규직과 비정규직, 노조의 보호를 받는 노동자와 그렇지 못한 노동자들 사이의 양극화는 노동자들 사이의 반목과 갈등을 낳았다. 게다가 일부 노조는 조합원들의 이익을 보호한다는 명분 아래 자주성을 상실한 채, 기업의 하위 노무관리 파트너로 전락하거나 자신들의 이익만 챙기려는 집단으로 변질되어 사회적으로뿐만 아니라 동료 노동자들로부터도 외면받고 있는 실정이다. 이것이 한국 노동운동의 현주소다.

지난 2011년 5월 8일, 부산발 서울행 KTX 열차가 운행 중 심하게 흔들리면서 위험을 느낀 승객들이 대피하는 소동이 일어났다. 이 일은 SNS를 통해 널리 알려졌고 언론에도 보도되었다. 철도공사는 큰 문제가 아니라며 정비를 좀 더 철저히 해서 재발을 막겠다고 밝혔다. 그러나 이 사고는 KTX의 동력을 전달하는 주요 부품인 견인전동기의 내구연한이 지나 심하게 파손돼 발생한 것으로 가볍게 넘길 일이 아니었다. 철도공사의 안전 불감증을 바로잡고 제대로 된 정비 시스템을 복원해야 했다. KTX 정비를 담당하는 고양 고속차량사업소의 노조 지부장은 사태의 심각성을 알리기 위해 파손된 견인전동기 사진을 언론에 제보했다. 사고 원인을 쉬쉬하며 당장의 비난만 모면하려던 철도공사의 행태를 바로잡기 위해 불이익을 감수하더라도 진실을 알리는 것이 노동조합의 사회적 의무라고 판단한 것이다.

하지만 내부 고발의 대가는 참담했다. 철도공사는 제보자를 색출해 관련 노조원들에게 징계를 내렸다. 언론에 사진을 제보한 지부장은 해고당했다. 당시 철도공사 사장은 경찰청장 출신으로 이명박 대통령 대선 캠프에서 일했던 허준영이었다. 이런 상황에서 노조가 건강한 경우와 아닌 경우에 따라 대응은 천지 차이다. 내부의 문제를 외부에 알려 회사를 곤혹스럽게 한 배반자로 규정된 노조 지부장을 철도노조는 철도 안전을 위해 불이익을 감수한 동료로 감싸 안고 법정 싸움과 생활비 지원을 결정했다. 그해 12월, 아름다운재단은 "국민의 안전을 위협하는 사안과 관련해 언론사 취재에 협조했다고 징계하는 것은 공익신고자보호법의 제정 취지에 역행하는 것"이라며 해고당한 철도 노동자에게 공익 제보자 부문 '빛과 소금상'을 수여했다.

  이 사건은 왜 노조가 존재해야 하고, 또 건강하고 독립적이어야 하는지를 잘 보여 준다. 만약 철도노조가 노조의 본분을 잃은 채 회사의 대리인이 되거나 불의를 보고도 적당히 눈감아 버렸다면 이런 공익 제보는 더 이상 기대할 수 없을 것이다. 더욱이 철도와 같은 공공 부문 노동조합은 사회의 건강한 발전을 위해 더 필요하며, 더 자주적이어야 한다. 노동조합이 무력화되는 순간 공기업에 대한 제대로 된 비판과 감시가 불가능해지고, 결과적으로 피해는 시민에게 돌아가기 때문이다. 그럼에도 정부는 오래전부터 철도노조를 강성 노조로 규정하고 굴복시켜야 할 대상으로만 여겼다. 정부의 바람대로 철도노조를 굴복시켜 노사 평화가 꽃피는 사업장이 되는 것의 결과가 비리와 부정에 눈감고 자기 밥그릇만 챙기는 노조라면 우리 사회는 그만큼 더 뒷걸음질 치는 것이 아니고 무엇인가?

  많은 사람들이 한국에서 기존의 노동조합운동은 이미 수명을 다했고 새로운 대안을 모색할 때라고 한다. 이런 문제의식에 나 역시 공감하는 바가 없지 않다. 대체로 건강하다고 평가되는 철도노조 또한 안팎의 많은 도전과 시련을 겪고 있다. 그럼에도 불구하고 민영화를 반대하고 시민의 철도를 지키기 위해 노력하고 있는 철도 현장의 노동자들이 나는 여전히 자랑스럽다.

3

　노동조합이 파업 찬반 투표를 거쳤다고 해서 반드시 파업에 돌입하는 것은 아니다. 특히 정부의 철도 민영화 정책 추진을 앞두고 이뤄졌던 6월의 파업 결의는 철도를 가장 잘 아는 사람들 중 하나인 철도 노동자들의 의견을 들어 달라는 간절한 요구였다. 지금 국토부가 수서발 KTX에 소위 '경쟁 체제'를 도입한다는 것은 민영화 도미노 게임의 제일 앞 블록을 무너뜨리겠다는 뜻이다. 철도 노동자들의 파업 결의는 이런 위험을 몸으로라도 막아야겠다는 각오다.

　이럴 경우 파업은 한국의 노동조합법과 그동안의 판례를 볼 때 불법 파업이 된다. 노동조건을 다루는 단체협약이 결렬되어 하는 파업이 아니라 정부가 추진 중인 철도 정책에 제동을 걸기 위한 파업으로, 정부는 당연히 쟁의행위의 대상이 되지 않는다고 말할 것이 분명하기 때문이다. 하지만 법적 요건을 갖추고 제대로 된 절차를 밟은 파업도 권력의 자의적 판단으로 불법화하는 마당에 지금과 같이 정부 정책을 반대해 벌이는 파업에서 법적 타당성을 따지는 것 자체가 무의미하다는 것을 철도 노동자들은 잘 알고 있다.

　철도노조가 파업을 포함한 총력 투쟁을 결정한 것은, 경쟁 체제란 이름 아래 수서발 KTX 회사가 신설되는 것을 막기 위해서다. 독자들은 도대체 수서발 KTX가 무엇인데, 철도노조와 시민 단체가 하나같이 반대의 목소리를 높이는지 의문을 품을지도 모르겠다. 언뜻 보면 철도 회사 하나 새로 생긴다고 해서 무슨 큰일이겠냐고 생각할 수도 있다. 전국의 철도 노선을 운영하는 한국철도공사 코레일의 규모에 비하면 극히 일부분에 불과한 철도 노선이니 말이다. 수서발 KTX 문제가 불거진 것이 2011년이니 이 문제를 끌어온 지도 2년이 넘었다. 대체 무엇 때문에 노조와 시민 단체는 그토록 오랫동안 이 문제에 매달렸던 것일까? 또 무엇 때문에 정부는 그토록 오랫동안 호시탐탐 민영화를 추진할 기회만 엿보고 있었던 것일까?

4

얼마 전 고속버스를 타고 청주에 가게 되었다. 충청북도 시민 단체와 정당들이 참여해 철도 민영화 반대를 위한 대책위원회를 출범시키고자 마련한 연석회의에 작은 강연을 부탁받았기 때문이다. 충청도는 수서발 KTX와는 전혀 무관해 보이는 지역인데다 청주 시민을 비롯한 충청북도 주민들은 자동차를 타는 게 더 익숙하기 때문에 철도 민영화 문제는 피부로 느끼기 힘든 현안이었다. 그래서 나는 수서발 KTX 경쟁 체제 도입이 충청북도를 가로지르는 충북선에 어떤 영향을 미치는지에 대한 설명에 많은 시간을 할애했다.

네트워크로 연결된 철도에서 적자선인 충북선이 그나마 제 기능을 하고 있는 것은 전체 철도 노선 중 어딘가에서 발생하는 흑자 노선의 수익이 교차 보조되기 때문이다. 그런데 수서발 KTX 문제는 이 교차 보조의 길을 끊어 버리겠다는 것이다. 충청도민이라고 해서 현재 추진 중인 정부의 철도 민영화 로드맵에서 자유로울 수 없다는 뜻이다. 한 지역에서 철도 노선의 운행 횟수가 줄어들면 그만큼 이용이 불편해지고 이용자들이 외면한다. 이렇게 될 경우 수익은 감소하고 운행 횟수를 줄이게 되는 악순환에 빠져든다. 나중에는 굳이 비싼 돈을 들여 열차를 운행하는 것보다 다른 교통수단으로 대체하는 게 낫다는 주장이 나오고 이런 주장이 관철되면 지역 열차 노선이 폐선되는 수순을 밟게 된다.

　게다가 수서발 KTX에는 15조 원에 달하는 국민 세금이 들어갔고, 여기에는 당연히 충북도민이 낸 돈도 포함된다. 내가 이용하는 철도에 대한 지원은 줄어드는데, 내가 낸 세금이 내가 살지 않는, 그것도 부유층 지역의 요금 부담을 줄여 주고 이들의 교통 편의를 높여 주는 데 쓰이게 되는 것이다. 또 이는 열차 이용에 불편을 줄 뿐만 아니라 결국에는 내가 사는 동네의 열차 노선이 폐선되도록 만든다면, 그것이 과연 남의 일일까?

　역이 사라지는 것은 단순히 건물 하나가 철거되는 게 아니라 그 역이 품고 있던 역사와 지역이 몰락함을 의미한다. 역을 이용하는 사람들의 발걸음이 끊어진 뒤에는 철도 노동자도 사라지고, 이들이 업무가 끝난 뒤 술잔을 기울이던 대폿집이나 음식점도 문을 닫게 된다.

　수도나 가스, 전기는 하루라도 공급받지 못하면 당장 생활이 어려워질 정도로 시민과 밀접한 관계가 있다. 그러나 철도는 모든 국민이 항상 이용하는 것도 아니고 다른 대체 교통수단도 얼마든지 있다. 그렇기 때문에 철도 민영화 문제에 대해서는 피부로 와닿는 절실함이 없을 수도 있다. 하지만 철도의 중요한 특성 중 하나는 철도 운행으로 철도를 이용하지 않는 다른 사람들도 혜택을 입는다는 사실이다.

　당장 지하철이 운행을 멈춘다면 시민들은 콩나물시루 같은 버스를 타야 하고, 쏟아져 나온 차들로 꼼짝달싹 못한 채 도로에 갇혀 버리고 말 것이다. 서울시 지하철 하루 이용 인구 670만 명이 거리로 쏟아져 나온 모습을 상상해 보라. 전국의 철도망에서 열차가 운행되지 않는 현실은 우리가 상상하는 것보다 훨씬 큰 문제이다.

5

사람들은 일상생활을 가능하게 해주는 여러 가지 요소들이 당연히 언제나 제 역할을 해줄 것이라고 믿는다. 수도꼭지를 틀면 물이 콸콸 쏟아지고 전기 스위치를 올리면 언제나 불이 들어온다. 급히 출장을 가기 위해 찾은 기차역에서 제시간에 열차가 승강장으로 들어오는 일 역시 너무나 당연하다. 그런데 이런 당연한 일상을 만들기 위해서는 수많은 노동자들의 힘겨운 노력이 있어야 한다.

이런 공공시설들 가운데 어느 한 곳에서 사소한 문제라도 발생할 경우 많은 사람들이 불편을 겪게 된다. 한두 시간의 정전이나 단수에도 사회가 지불해야 할 대가는 작지 않다. 만약 이런 곳의 노동자들이 파업을 하게 된다면 늘 정상이어야 하는 것들이 갑자기 정지되는 상황이 찾아온다. 어느 날 우리 주변이 온통 쓰레기로 가득 차거나 매일 타고 다니던 지하철이나 철도가 운행을 멈추게 될 때 겪는 불편과 고통은 결코 작지 않을 것이다.

하지만 일상적으로 작동하는 것들을 잠시 멈추어야 할 순간과 필요가 있을 수 있다. 만약 절대 중단되어서는 안 되는 기능이라는 이유로 전체 시스템에 악성 바이러스가 침투하는데도 시스템을 가동시킨다면 당장의 일상을 유지하기 위해 더 큰 재앙을 부르게 될 것이다. 하물며 영구적으로 지속될 사회적 재앙이라면 더욱 걸음을 잠시 멈추고 모두가 머리를 맞대야 한다. 컴퓨터에 악성 코드가 점점 확산되고 시스템의 이곳저곳을 갉아먹게 된다면 더 치명적인 피해를 막기 위해 컴퓨터를 포맷하고 초기화해야 한다.

국토부가 수서발 KTX에 경쟁 체제를 도입하겠다는 것은 한국 철도 시스템을 민영화하겠다는 말과 같다. 철도 노동자는 이에 맞서 잠시 철도 시스템을 멈춰 철도가 더 큰 사회적 역할을 할 수 있도록 초기화하겠다고 나선 것이다.

나는 이런 상황에서는 시민들이 노동자의 파업을 사회악이 아니라 이 사회를 지탱하는 어느 한 축에 심각한 문제가 발생했다는 신호로 받아들였으면 좋겠다. 파업은 노동자들이 자신들뿐만 아니라 사회 전체에 닥친 문제에 관심을 기울여 달라는 수신호이기도 하다. 또 이는 대다수 시민이 노동자인 사회에서 그동안 앞만 보며 달려온 삶의 속도를 잠시 늦추고, 미처 돌아보지 못했던 동료 시민 노동자의 삶에 관심을 기울이는 계기가 될 수도 있다. 파업이 벌어지면 이 세계의 일상성이 누군가의 노동 없이는 단 한 순간도 유지되지 않는다는 것을 새삼 실감하며, 노동의 의미, 중단이나 정지, 쉼에 대한 철학적 논의까지 할 수 있는 사회, 그것이 바로 내가 꿈꾸는 사회다.

하지만 나를 비롯해 동료 노동자들은 모두 굳이 철도를 멈추지 않아도 되기를 간절히 바라고 있다. 국토부가 밀실에서 나와 노동자, 시민의 목소리에 귀 기울인다면 얼마든지 가능한 일이다. 관료들이 산하 기관을 늘려 부처의 힘을 키우려는 욕심을 내려놓으면 된다. 고위 관료들의 퇴직 후 일자리 대신 청년 실업을 해소하는 것이 더 중요하다는 생각만으로도 충분하다. 토건·금융 마피아의 이해관계보다는 전체 시민의 이익을 먼저 생각하면 된다.

6

나는 철도 기관사다. 내 손의 움직임에 따라 거대한 철마는 수백 명의 승객을 태우고 산야를 달린다. 18년 전 철도 공무원 시험에 응시할 때부터 운전직을 지원했다. 철도 공무원직에도 여러 분야가 있지만 기차의 맨 앞에 앉아 너른 산야를 달리고 싶었다. 햇병아리 부기관사 시절부터 기관차 운전석에 앉아 달리고 있노라면 마냥 신이 났다. 당시 기관사 일은 박봉과 살인적 노동강도로 유명했는데도 출근길 발걸음은 언제나 가벼웠다.

근속연수가 늘어나고 제법 철도 일에 대한 시야를 넓혀 갈 때쯤 IMF 경제 위기가 찾아왔다. 임금 삭감을 시작으로 허리띠를 졸라매는 여러 조치가 이루어졌지만 회사에서 강제로 쫓겨나는 사람도 많은데 이게 어디냐는 생각으로 위안 삼았다. 이런 와중에 정부가 철도를 민영화하겠다고 밝혔다. 한 달에 하루도 제대로 쉬지 못한 채 일하는 기계처럼 살았던 철도 노동자들은 하루아침에 비효율의 주범이 되었다. 그때부터 철도란 무엇인가를 고민했고, 정부는 왜 민영화를 하려는지 공부하기 시작했다.

지난 10여 년간 철도는 언제나 개혁의 대상이었고 도달해야 할 목표는 민영화였다. 2004년, 철도청이 철도공사로 바뀌었다. 소위 '상하 분리' 조치로 철도 운영 기관과 시설 기관이 분리되었다. 이후 철도 개편과 관련된 문제는 잠시 수면 아래로 잦아들었다. 그러다 이명박 정부의 임기가 얼마 남지 않은 2011년, 수서발 KTX를 시작으로 하는 민영화 계획이 발표되었다. 이번만큼은 심상치 않아 보였다. 대통령이 맘먹고 밀어붙이면 못할 게 없는 시절이었다.

이때부터 정부 민영화안의 문제점에 대한 글을 언론에 기고하기 시작했다. 〈프레시안〉, 〈레디앙〉, 〈오마이뉴스〉를 비롯한 여러 매체에 약 1년 반 동안 기고를 해오면서 가졌던 생각은 절박함이었다. 만약 국토부 안대로 결정이 되면 한국 철도의 앞날은 먹구름밖에 없다는 절박함이 글을 쓰게 만들었다.

새 정부가 들어선 지금도 철도 민영화는 진행 중이다. 박근혜 대통령은 후보 시절, 국민적 동의와 사회적 합의 없는 철도 민영화는 하지 않겠다고 약속했지만, 새 국토부 장관이 임명되자마자 경쟁 체제 도입을 발표하면서 이명박 정권의 바통을 이어받았다. 이런 상황에서 철도 민영화가 갖는 문제와 그것이 가져올 미래에 대해 더 많은 사람들과 생각을 나누고 뜻을 모아야 한다고 생각했다. 그동안 두서없이 기고했던 글들을 모아 보니 부족하지만 철도 민영화의 문제점을 알리는 데 도움이 될 수 있겠다는 생각이 들었고, 그렇게 해서 이 책이 나오게 되었다. 이 책이 독자들로 하여금 잠시라도 한국 철도의 현실과 미래를 고민하는 시간을 갖게 할 수 있다면 더 바랄 게 없을 것 같다. 부디 한국 철도가 파국의 길로 치닫지 않도록 진심 어린 응원을 부탁드린다.

이 책은 총 네 개의 부로 구성된다.

1부에서는 철도 산업 고유의 특징을 다각도에서 바라보고 새롭게 이해할 수 있는 관점을 제공하고자 했다. 이제까지 정부나 언론은 철도를 '적자

기관으로만 바라보았고, 적자를 해소하는 것만이 그들의 최고 목표였다. 그리고 그 방편으로 제시된 것이 바로 민영화나 경쟁 체제 도입이었다. 그러나 철도는 이런 편협하고 근시안적인 관점으로만 접근해서는 경제적 효율성조차 확보할 수 없다. 그 가치를 제대로 파악하고 이용하려면 철도의 역사성과 문화, 사회경제적 중요성을 볼 줄 알아야 한다. 역사 속에서 한국 철도가 오늘날까지 이르게 된 과정을 되돌아보면 현실 지표만 고려한 경제적 접근이 얼마나 한국 철도의 발전을 더디게 했는지 알 수 있다. 1부에서는 바로 이런 기존의 관점이 얼마나 철도 시스템과 맞지 않는 생각인지 그 문제점을 알아보고, 철도를 새롭게 사고할 수 있는 틀을 제공하고자 했다.

2부에서는 민영화를 뒷받침하는 이데올로기인 '공공성 대 효율성'의 문제를 다룬다. 신자유주의 시대 이후 공공 부문에 덧씌워진 '비효율'과 부실 경영의 오명은, 민영화를 합리적인 대안으로 만들었다. 하지만 양극화된 사회에서 그 구성원들에게 공정한 기회와 권리를 부여하려면 공공 기관의 역할이 필수적이다. 공공성은 사회 구성원들에게 국가권력을 위임받은 정부가 책임지고 구현해야 할 핵심적인 가치임에도 그간 정부는 앞장서서 공공성을 훼손하는 정책을 추진해 왔다. 2부에서는 공공성이 사라진 사회 안에 도사리고 있는 환상, 즉 민영화와 효율을 동일시하는 환상을 파헤치고 공공성을 추구한다고 해서 효율성을 포기하는 게 아니라, 오히려 사회의 효율성을 위해서라도 공공성을 강화할 필요가 있음을 이야기한다.

3부는 효율성이라는 가면을 쓰고 등장한 민영화가 실생활에서 어떻게 시민사회를 공격하는지를 보여 준다. 민영화로 오로지 이윤만을 목적으로 하는 민간 기업이 공적인 기능을 담당하게 될 경우 시민은 그들을 더 이상 통제하거나 감시할 수 없게 된다. 대형 안전사고, 요금 인상, 인력 감축 등으로 인한 철도 서비스의 질 저하 등 그 피해는 고스란히 시민의 몫이 된다. 3부는 이와 같이 이미 공공 부문에 파고들어 평범한 시민들의 삶을 파괴하고 있는 민간 기업들의 민낯을 보여 주는 글들을 모았다.

4부에서는 정부의 철도 민영화 정책을 해부해 본다. 이명박 정부에서 가속화된 철도 민영화는 새로 건설되는 수서발 KTX 운영권을 민간에 넘기는 방식으로 추진됐다. 워낙 졸속으로 진행되다 보니 여러 가지 무리수가 남발됐다. 정부가 직접 나서서 재벌에 특혜를 주거나 자본의 이익을 위해 매진하는 형태를 보였다. 정부가 말하는 '경쟁을 통한 효율화'와 관제권 분리 등의 주장이 가진 문제점과 왜곡된 사례들에 대해 일일이 각주를 다는 심정으로 4부를 구성했다. 마피아로까지 불리는 '정계-관료-학계-산업계'의 공고한 결탁이 철도 민영화 정책을 어떻게 작동시키고 있는지도 밝힌다. 이는 철도뿐만 아니라 거의 대부분의 정책 추진 과정에서 공통으로 나타나는 문제이기 때문에 더욱 중요하다. 철도 민영화 추진 과정은 정부와 이 정부에 논리를 공급하는 소위 전문가로 불리는 학자 집단이 시민들을 어떻게 기만해 왔는지를 잘 보여 준다.

정부가 추진 중인 철도 산업 발전 방안은 4대강 사업과 놀라울 정도로 닮아 있다. 4대강 사업은 대운하가 아니라며 국민을 속였듯이 철도 역시 민영화가 아니라고 말하지만 실상은 그렇지 않다. 만약 그들의 정책이 실현된다면, 4대강이 그랬듯 철도 또한 되돌릴 수 없을 만큼 황폐화될 것이다. 여전히 정부는 거짓으로 자신들을 정당화하며 민영화를 현실화하려 하고 있지만, 아직 기회는 있다. 무모한 수술을 막기 위해서는 시민들의 한목소리가 필요하다. 비극은 4대강 사업만으로도 충분하다. 같은 비극이 반복되는 일은 없어야 할 것이다.

1부
철도를 보는
새로운 눈

우리 혈관 중 심장 동맥과 주요 정맥이
모세혈관과 같은 혈관보다 중요하다는 점은 부인할 수 없다.
하지만 그렇다고 해서 모세혈관을 다 제거해 버린다면
어떤 일이 벌어질까?
철도는 국토라는 몸을 감싼 혈관의 망,
즉 네트워크다.

한국 철도의 다섯 가지 비극

독점, 적자, 비효율, 방만 경영. 언제부터인가 한국 철도 앞에 붙는 단골 수식어들이다. 철도 정책을 총괄하는 일 역시 정부가 하는 일이지만, 새 정부가 출범하면 철도는 꼭 한 번씩은 구조 조정의 대상이 되었다. 김영삼 정부의 국유철도 합리화 법안에서부터 김대중 정부의 공기업 민영화 정책, 노무현 정부의 이른바 철도 구조 개혁(이에 따라 운영 부문과 시설 부문이 분리되고 철도청이 공사화되었다), 이명박 정부의 수서발 KTX 민영화와 현재 박근혜 정부의 철도 민영화 로드맵까지 철도를 바꾸겠다는 시도는 정권을 이어 지속됐다.

이와 같이 20여 년간 지속된 철도 '개혁'을 관통하는 정신이 있었으니 그것은 민영화를 통한 효율화다. 참여정부 시절 국민 생활과 밀접한 연관이 있는 국가 기간산업은 무분별하게 민영화하지 않겠다는 선언이 있었지만,

관료들은 정권의 성격이 바뀌면 언제든지 민영화를 추진할 채비를 갖추고 있었다. 소나기는 피해 간다고, 잠시 몸을 낮추는 시늉이었을 뿐 관료 독점의 정책 시스템은 건재했다.

게다가 언젠가부터 민간이 공공 부문보다 효율적이라는 생각이 상식으로 자리 잡으면서 이들의 민영화론을 강력히 뒷받침해 주었다. 이런 프레임에서 시장의 영역과는 다른 공공 부문의 사회적 특성은 무시되었다. 민간이 참여하지 못하는 공공 부문에까지 시장적 질서를 부여해 이윤을 확보하겠다는 시도가 집요하게 이어지면서 사회 곳곳에서 공공의 영역이 무너져 갔다. 국가나 사회가 책임져야 할 부분이 점차 축소되고 모든 것이 시장의 영역으로 들어가면서 이 사회는 끔찍한 경쟁의 소용돌이 속에서 서로를 갉아먹으며 황폐화되어 갔다.

공적인 영역을, 아직 시장의 영역에 포섭되지 않은 마지막 블루 오션이라 간주하고 민간이 참여해서 이윤을 뽑아내는 장치로 둔갑시키게 되면, 결국 그 사회적 폐해는 대다수 서민의 고통으로 전가될 뿐이다. 공공 부문은 도심 속 숲 같은 것이며, 자동차의 에어백 같은 것이고, 비행기의 비상 탈출 슬라이드 같은 것이다. 수서발 KTX를 분리하고 지방의 적자선을 민간 개방하겠다는 것은 도심의 숲을 밀어 버리겠다는 것과 다를 바 없다. 폐차할 때까지 한 번도 에어백을 쓴 적이 없으니 앞으로 구입하는 새 차에는 에어백을 달지 않고 그만큼 비용을 절약하겠다는 것이 철도 민영화 로드맵을 밝힌 사람들의 사고 체계다.

과연 한국 철도는 민영화 추진 세력이 말하는 것처럼 비효율의 온상이요, 이대로 둬서는 안 되는 절대악인지 그 발자취를 거슬러 올라가 보자. 우리 근현대사의 눈물과 애환이 담긴 선로를 따라.

두 가지 비극, 식민지 근대화와 남북 분단

세계적으로 철도는 근대를 여는 지렛대였다. 자연력에서 벗어나 동력을 가진 기계 시스템인 철도가 등장하면서 이전과는 완전히 다른 세상이 열렸다. 철도가 부설된 나라의 사회와 문화, 풍습이 바뀌었고, 사람들은 새로 등장한 최초의 동력을 가진 육상 교통수단에 열광했다. 그러나 이는 철도를 스스로의 힘으로 건설한 나라들의 일이었다.

1899년, 첫 기적을 울린 한국 철도는 강대국에 의해 강제 이식되면서 수동적으로 변화의 물결에 내몰렸다. 한국 철도의 첫 번째 비극은 우리의 주체적인 노력으로 철도 건설이 시작되지 못했다는 데 있었다. 구한말 대한제국에 모여든 열강들은 모두 철도 부설권을 따내려고 혈안이 되어 있었다. 나라의 동맥인 길을 장악하는 순간 그 나라를 지배할 수 있다는 생각에 고종 황제를 설득하고 내각 대신들에게 줄을 댔다. 결국 대한제국 최초의 철도 노선인 경인선 부설권은 이완용의 주선으로 미국인 사업가 제임스 모스에게 넘어갔고, 우여곡절 끝에 일본에 팔려 일본의 손으로 건설되었다. 이어서 건설된 경부선과 경의선 역시 일본의 주도로 건설되었다. 근대 교통의 맹아인 철도 노선이 모두 외세에 의해 건설된 것이다.

한국 철도 노선을 장악한 일본은 주도면밀하게 조선을 병합하는 절차를 진행해 갔다. 식민지 조선의 철도는 일본 군대의 동아시아 진출 야망을 실현시킨 군사철도였으며, 조선의 자원과 식량을 빼앗아 간 수탈 철도였다. 건설 과정에서도 조선인들은 철도 부지로 편입된 땅을 빼앗기고 강제로 건설 현장에 동원됐다. 식민지 조선의 철도는 침목 하나하나에, 선로 마디마디에 조선 민초들의 피와 땀이 배어 있는 눈물과 한의 철도였다.

근대적 산업화의 동력인 철도를 자국의 힘으로 건설하지 못한 첫 번째 비극은 두 번째 비극으로 이어졌다. 해방 이후 비로소 스스로 철도를 운행할 수 있는 기회가 생겼지만, 철도 운행과 관련한 고급 기술과 인력을 가진 일본은 패주한 상황이었다. 그리고 1950년, 한국전쟁이 시작되었다. 3년에 걸친 한국전쟁은 전국 철도망에 궤멸적 타격을 안겨 주었을 뿐만 아니라 한반도 철도를 남북으로 단절시켰다. 북한군의 보급선을 차단하기 위한 공중 폭격의 주요 목표는 북한군과 유엔군이 대치한 전선의 북쪽에 위치한 역과 선로였다. 낙동강까지 전선이 이동했던 것을 생각하면 남북한의 전 철도 노선이 폭격의 대상이었음을 알 수 있다. 차량 공작창工作廠이 있던 용산의 철도 기지에는 엿가락처럼 휘어진 선로와 파괴된 기관차가 나뒹굴었고, 이는 전국 어느 역에서나 쉽게 볼 수 있는 광경이었다.

전쟁이 끝난 뒤 임시변통으로 복구한 선로와 미군이 철수하며 남겨 둔 기관차로 겨우 철도의 명맥을 이었다. 전쟁 직후 한국의 경제 수준은 지금의 아프리카 빈국과 다를 바 없었다. 대다수가 원조 물자로 배를 채우고, 보릿고개를 넘어 생존해야 했다. 이런 상황에서 막대한 재원이 요구되는 거대 장치산업인 철도에 투자할 여력이 있을 리 만무했다. 이 시기 철도는 겨우 명맥만 유지될 뿐이었다.

세 번째 비극, 철도 산업의 사양화

세 번째 비극은 철도를 대체할 새로운 교통수단이 발달하면서 찾아왔다.

한국전쟁 당시 파괴된 임진강 철교

1950년, 한국전쟁이 시작됐다.
3년에 걸친 전쟁은 전국 철도망에 궤멸적 타격을 안겨 주었다.
엿가락처럼 휘어진 선로와 파괴된 기관차가 나뒹굴었고,
이는 전국 어느 역에서나 쉽게 볼 수 있는 광경이었다.

자동차 산업의 폭발과 도로 교통의 확대로 철도 산업이 사양화의 길을 걷게 된 것이다. 도로 교통이 발달하자 변변한 도로가 없던 시절, 유일한 근대적 교통수단이었던 철도가 몰락했다. 겨우 산업화의 기초를 마련하고 사회 기반시설에 대한 수요가 확대되었지만, 스포트라이트의 주인공은 자동차였다. 모든 투자는 도로를 중심으로 이루어졌고 엄청난 자금이 들어가는 철도는 돈 먹는 하마이자 정부 재정을 잡아먹는 애물단지로 전락했다. 경부고속도로는 한국 경제의 발전을 나타내는 지표가 되었고, 도로를 가득 메운 자동차는 풍요의 상징이 되었다. 이런 현상은 일본·독일·프랑스 등 철도 선진국을 포함해서 전 세계적으로 일어난 일이었다. 이는 철도가 독점이어서도, 비효율적이어서도 아니었다. 산업 환경의 변화에 따른 필연적 결과였다. 세계 각국은 미래 전망이 보이지 않는 철도 산업에 투자를 지속해야 하는지 고민에 빠졌다. 이 세 번째 비극은 비극이라기보다는 철도가 운명적으로 겪어야 했던 역사적 과정의 하나였다.

네 번째 비극, 신자유주의

철도의 수송 분담률이 하락하고 적자가 쌓이는 가운데에도 한국 철도의 공급 능력은 역설적으로 수요를 감당하지 못하고 있었다. 이미 경부선은 1970년대부터 선로 용량 부족을 겪고 있었고, 1980, 90년대에는 주말 열차표를 구하기가 하늘의 별 따기였다. 철도 수송 분담률이 하락하는 와중에도 공급 능력이 부족했던 이유는 산업화와 도시화의 결과 나라 전체의 절대적 수송량이 급격히 증가했기 때문이다. 제대로 된 발전을 위해서는 철도에 대한 투자가 필요했다. 1980년대 후반부터 선로 용량을 확대해야 한다는 요구가 거세지면서 그 해결책으로 고속철도 건설안이 제시되기 시작했다. 특히 속도 혁명으로 철도 르네상스를 꽃피운 선진국들은 철도가 사양산업이 아니라 미래지향적 산업으로 탈바꿈할 수 있는 가능성을 보여 주었다.

그러나 이와 동시에 전 세계적인 신자유주의의 물결이 한국 철도에도 그 위력을 발휘하게 되면서 네 번째 비극이 시작되었다. 신자유주의의 핵심 논리는 작은 정부, 민영화, 무한 경쟁이었다. 철도 정책을 총괄하는 관료 집단은 신자유주의의 세례를 듬뿍 받은 이들로, 경쟁 도입과 철도 민영화를 한국 철도가 나아가야 할 목표로 세우고 이후 줄기차게 민영화를 관철시키고자 혼신의 노력을 다한다. 여기에 엎친 데 덮친 격으로 1997년에 닥친 구제금융 사태는 철도 민영화를 더욱 강력하게 추진하게 만들었다. IMF는 한국에 구제금융을 지원하는 조건으로 상당수 공기업에 대한 민영화를 요구했다. 이때부터 한국 철도의 비효율이 국가 독점과 공영 체제 때문이고 따라서 이를 개혁해야 한다는 논리가 자리를 잡게 된다. 국토부와 그 주변의 신자유주의 세력들은 한국 철도가 지나 온 역사와 맥락은 완전히 무시한 채 철도에 비효율의 온상, 부실 경영과 적자재정 등의 오명을 뒤집어씌우고, 민영화 정책을 밀어붙이기 시작했다.

다섯 번째 비극을 만들 것인가

114년 동안 한국 철도는 단 한 번도 제대로 된 철도 네트워크로 기능할 수 없었다. 현재의 철도 운행 길이가 일제 식민지 당시와 별 차이가 없다는 것은 그만큼 한국이 철도에 대한 투자가 소홀했음을 증명한다. 현재 한국 철도는 이와 같은 점을 보완하고 미래 지향적 교통수단으로 스스로를 새롭게 자리매김할 기로에 서있다. 수서발 KTX는 처음으로 철도 수요를 제대로 충족시킬 수 있는 노선이다. 식민지 철도로 시작한 기형적인 철도망을 극복하고 역사상 처음으로 완결적 구조를 향해 발돋움할 수 있는 네트워크를 구축할 기회인 것이다. 이를 통해 그간 절대적 공급 부족을 겪었던 경부축 수요를 충족시킬 수 있게 될 것이고, 철도 수송 분담률의 증가는 철도 이용을 더욱 확대하는 계기가 될 것이 분명하다.

그러나 이 노선이 수익성이 보장되는 것으로 예측되자 너도나도 노른자를 빼먹겠다고 달려들기 시작하면서 다섯 번째 비극을 예고하고 있다. 국토부는 거짓 전망으로 일관했던 국책 연구원의 청부 용역 보고서를 토대로 민영화를 추진하기 시작했다. 그리고 이것이 사회적 반대에 부딪히자 교묘한 우회로를 찾아 나섰다. 자가당착적 논리에 빠졌던 제2 철도공사나 민관 합동 기업에 이어 이번에는 철도공사가 지분에 참여하는 자회사를 통한 신설 법인이라는 카드를 들고 나온 것이다. 자회사와 모회사가 실적 경쟁을 벌이는 일이 세계 최초로 시도되고 있다. 이 안이 그대로 추진된다면, 만주와 시베리아를 넘어 유럽까지 이어질 대륙 철도의 꿈이 물거품이 되는 것은 물론이고, 우리 철도는 재벌과 외국 거대 자본의 배만 부풀리는 이윤 투자처로 전락하고 말 것이다.

철마는
대륙을 달리고 싶다

유럽의 기차역에 가보신 적 있나요

파리 북역이나 독일의 프랑크푸르트 중앙역 전광판을 보면 유럽 각지로 가는 열차의 행선지가 표시된다. 그들에게는 너무도 당연한 일이지만 70여 년 분단의 세월을 겪은 나라에서 온 여행자로서는 낯설면서도 대단한 광경이다. 한국은 섬나라와 다름없다. 동서남 삼면이 바다로 둘러싸여 있고 북으로는 분단의 철책선에 갇혀 꼼짝 못 하고 있기 때문이다. 외부 세계로 나가기 위해서는 반드시 비행기를 타야만 한다. 우리는 이런 사실을 어느새 숙명처럼 당연하다고 여기게 되었다. 분단은 사람들의 몸만 반도에 가둔 게 아니라 꿈도 가둬 버렸다. 한때 경성역(지금의 서울역)에서 출발한 기차가 중국의 만주와 베이징에까지 이르렀던 일은 아득한 전설이 되어 버렸다.

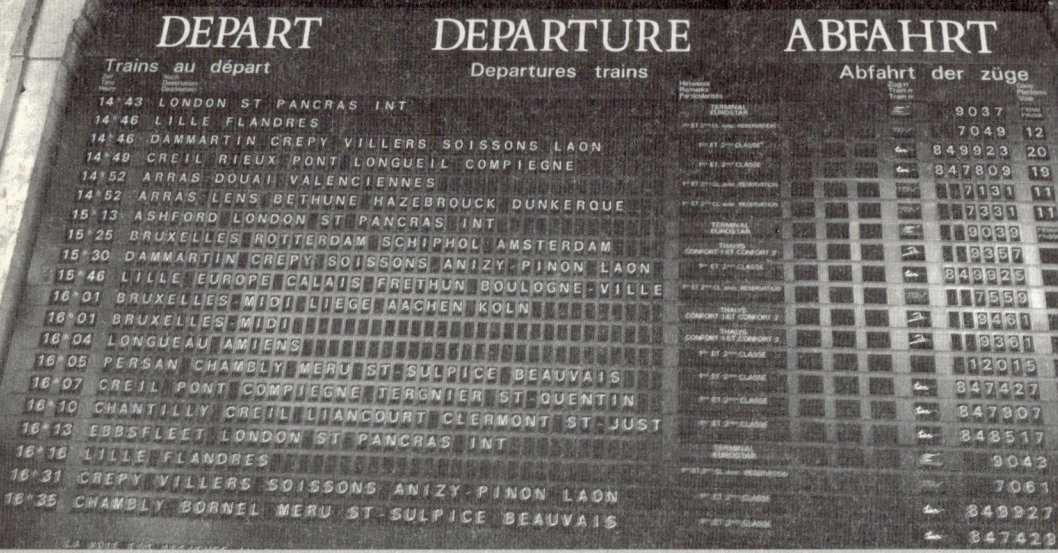

파리 북역이나 독일의 프랑크푸르트 중앙역 전광판을 보면
유럽 각지로 가는 열차의 행선지가 표시된다.
그들에게는 너무도 당연한 일이지만

부산에서 출발한 열차가 영국 런던의 기차역에 도착하는 상상은 단지 꿈에 그치고 말 것인가? 서울역에서 베를린, 모스크바, 파리행 열차표를 손에 쥘 수는 없는 것일까? 살아생전 서울에서 핀란드나 체코로 향하는 열차를 타고 북유럽을 방문할 수는 없는 것일까?

파리 북역의 전광판(◁)과 부산역 전광판(▷)

70여 년 분단의 세월을 겪은 나라에서 온 여행자로서는
낯설면서도 대단한 광경이다.
분단은 사람들의 몸만 반도에 가둔 게 아니라 꿈도 가둬 버렸다.

누가 대륙 철도를 막았나

세계 일주 놀이란 게 있다. 여행 마니아들이 주로 하는 일인데, 전 세계 항공 노선을 가지고 가장 효과적으로, 세계 일주 계획을 짜는 것이다. 보통 6개월에서 1년의 유효기간을 가진 항공권으로 각국의 항공사들을 연계해 이용할 수 있는 티켓을 구매하는 것이다. 항공사 웹사이트에 접속해 가상의 일정과 루트를 짜고 자신들의 계획을 공개하면 다른 이들은 댓글을 통해 논평을 내놓는다. 잘만 하면 웬만한 장거리 두어 번 왕복하는 비용으로 전 세계를 여행할 수 있다. 이렇게 세계 일주 놀이를 하는 사람들의 꿈은 자신들이 짠 일정대로 실제 여행을 해보는 것이다.

나는 가끔 대륙 횡단 열차 티켓을 끊는 상상을 한다. 아침에 서울에서 출발해 평양까지 가서 시원한 평양 물냉면으로 점심을 먹는다. 평양역에서 북으로 가는 열차를 타고 창밖을 보며 대동강 맥주를 마신다. 저녁때 신의주에 도착해 압록강을 보며 만두로 배를 채우고 베이징행 열차의 침대칸에 오른다. 베이징에서는 몽골로 향하는 열차를 타고 몽골 대륙을 횡단해 러시아의 이르쿠츠크 역으로 가서 시베리아 횡단 열차로 갈아탄다. 바이칼 호의 푸른 물결을 보며 툰드라 벌판을 달린다. 모스크바 역에 도착해서는 마트료시카를 사서 작은 인형이 몇 개나 들어 있는지 확인해 본다. 모스크바에서 베를린으로 갈지, 파리로 갈지, 벨기에를 지나 런던으로 갈지 고민하면서 붉은 광장을 걷는다. 아예 신의주를 넘을 때 베이징행 열차를 타지 않고 선양을 거쳐 시베리아 횡단 열차의 출발지인 블라디보스토크로 갈 수도 있다. 캄차카 반도에서 잡은 킹크랩을 먹으며 두툼한 러시아식 모자 샤프카를 쓰고 독립운동의 기운이 서려 있는 블라디보스토크의 옛 한인 거리를 걷는다. 행선지를 알리는 서울역 전광판에는 신의주나 베이징, 모스크바, 파리까지 보인다.

막연한 꿈이 아니다. 70년 전만 해도 한반도를 가로질러 만주를 넘어 베이징, 그리고 베를린으로 가는 열차를 기다리던 곳이 바로 서울역이다. 1936년, 식민지 민중의 심장을 뛰게 했던 청년 손기정은 서울역에서 베를린행 열차를 탔다. 독립투사 안중근은 이토 히로부미를 암살하기 위해 부산에서 출발하는 특급열차 히카리를 타고 만주국 수도였던 신징을 거쳐 하얼빈까지 갔다. 당시 하얼빈에서는 베를린까지 기차로 갈 수 있었는데, 이때 요금은 뱃삯의 3분의 1에 불과했다.

한국 철도는 일제 식민지 시대, 한국전쟁, 분단 등 시련의 시기를 거치면서도 더디지만 한 걸음씩 앞으로 나갔다. 고속철도가 개통되면서 도로를 대체할 대안 교통수단으로서 새로운 가능성을 확인했고, 무엇보다 남북의 대결을 끝낼 수 있는 현실적 수단으로 평가되기 시작했다. 2000년 7월 31일, 남북 장관급회담에서 남북 철도 연결이 확정되고 제일 먼저 철도 연결 부지의 지뢰 제거 작업이 진행됐다. 수천 개의 지뢰가 제거되었고 군부대도 이전했다. 살벌하게 서로를 갈라놨던 철조망을 뚫고 평화와 소통을 위한 두 줄 선로가 남과 북을 이었다. 철도만이 할 수 있는 일이었다. 남과 북이 소통하자 주변 나라들도 움직였다. 러시아는 남북과 함께 북한 철도 개량 사업으로 시베리아 철도 연결 사업에 나서겠다고 하고, 비용도 한국에 차관으로 갚아야 할 돈으로 부담하겠다고 했다. 중국은 중국 횡단 철도에 남북의 철도를 연결시키겠다고 했다. 당사국 철도 관계자들이 만나 회담을 하고 협력을 다짐했다. 남과 북의 평화공존은 주변국을 대립에서 상호 협력으로 견인하는 결과를 낳았다. 이제 부산역이나 서울역에서 파리행 기차표를 들고 열차에 오르는 일도 불가능한 꿈은 아니게 되었다.

남북 철도 연결과 중국과 러시아와의 대륙 철도 연결은 수십 년간 고립되었던 한국이 새로운 기지개를 펴는 역사적 전환점이 될 것이 분명했다. 낙후된 북한 철도를 개량하고, 만주를 넘어 중국으로 향하는 노선 및 시베리아 철도와 연결하기 위해서는 중국과 러시아, 남과 북의 상호 긴밀한 소통과 협력이 필요하고 이것은 당사국들의 신뢰가 전제되어야 한다. 북한의 철도 개량을 위해서는 한국 철도와 관련 기업들의 역할도 매우 중요하다. 신호체계 개선, 선로 개량, 기관차 및 객차의 보급 등 남쪽의 협소한 철도망이 가졌던 한계를 극복하고 철도 산업의 새로운 전기가 마련되는 출발점으로서도 그 의미가 크다. 철도가, 그동안 지속된 반목과 오해를 불식시키는 역할을 함은 물론이고 식민지 철도로 시작된 한국 철도의 한이 비로소 풀릴 수 있는 새로운 시대가 다가온 것이다.

그러나 이 모든 것이 이명박 정부의 등장과 함께 물거품이 됐다. 대운하를 꿈꾸던 이들은 강을 파기 시작했다. 무려 22조 원에 이르는 건설비에 더해, 앞으로 들어갈 유지 비용이 얼마가 될지 상상할 수도 없다. 4대강 사업비의 3분의 1만 들여도 한국 철도가 만주와 시베리아 벌판을 달리는 기초를 닦을 수 있다. 하지만 토건 재벌의 배를 불리는 사업의 중요성에 비하면 철도는 아무래도 상관없었다. 강바닥을 파내고 언저리를 콘크리트로 바르고 보를 쌓아 흐르는 강물을 썩게 만드는 사업에 모든 노력을 기울인 대가는 생각보다 더 참혹했다.

대북 강경책과 중국을 무시한 미국 일변도의 외교정책을 펼쳐 온 결과, 외교에서의 균형과 조화라는 기본은 무너져 버렸다. 중국과 러시아와의 대륙 철도 연결 협력도 원점으로 돌아갔다. 북한의 주요 개발 사업은 남한을 배제한 채 중국 기업이 독점하고 있는 상황이다.

지정학적으로 세계를 호령했던 강대국들을 인접국으로 두고 있는 한국의 경우 잘못된 외교정책의 피해는 고스란히 서민의 몫이 된다. 남과 북은 과거로 돌아가 원수처럼 으르렁거리기 시작했고, 매일 문산과 개성을 오가던 경의선 철도는 운행이 중단됐다. 남북 철도 연결 구간인 경의선 승무를 담당하고 있던 철도공사 서울기관차 승무사업소의 개성행 열차 담당 승조는 해체됐다. 어렵게 열렸던 군사분계선의 육중한 철문이 닫히고 선로는 두꺼운 녹으로 덮여 갔다. 북의 해안포가 연평도 땅에 떨어지는 믿지 못할 일이 벌어졌고 당장이라도 전쟁이 벌어질 듯했다.

그리고 향후 남과 북을 연결하는 역할을 담당할 한국 철도를 재벌의 수익 창구로 전락시키는 일이 경쟁 체제라는 이름으로 추진됐다. 민간 자본의 선진 경영 기법이란 게 실은 고율의 이자 놀이요, 정부나 지방자치단체 보조금 빼먹기요, 시민들에게 요금 부담을 전가하는 기법이라는 것이 서울 지하철 9호선을 비롯한 수많은 민자 사업에서 드러났음에도 말이다. 국토부는 여전히 KTX 민영화를 박근혜 정부에서도 추진하겠다고 벼르고 있다.

이것만이 아니다. 2010년, 정부는 WTO 정부조달협정Government Procurement Agreement, GPA을 통해 한국 철도의 모든 분야를 외국자본에 개방하는 길을 열었다. 협상 과정은 사회적 공론화를 거치지 않고 조용히 진행됐다. 내용마저 뒤늦게 밝혀졌다. 협정 내용을 보면, 철도 시설의 건설, 설계, 엔지니어링, 감독, 운영 등 철도의 모든 분야가 개방 대상으로 망라되어 있다. 이렇게 개방이 완료되면 한국 철도의 미래 운명은 수익만을 최고 가치로 삼는 외국 거대 자본의 손에 들어가게 된다.

이런 일련의 작업에서 선봉에 선 것이 국토부다. 국토부는 KTX 민영화와 더불어 철도공사로부터 철도 관제권과 역사 및 시설 환수를 줄기차게 밀어붙였다. 이는 향후 한국 철도에 들어올 거대 자본들에게 철도의 각 분야에 대한 자유로운 운영권을 주기 위한 사전 조치에 해당한다. WTO 정부조달협정 막판에 행정안전부의 반대에도 불구하고, 외교부의 강요로 도시철도 부분이 추가로 개방되었다. 이는 이미 광범위하게 진행되고 있는 사회기반시설의 민자 사업뿐만 아니라 공기업이 담당하고 있는 사업까지도 외국자본에 개방한 조치로, 온 나라를 민영화된 시스템으로 뒤덮는 사태가 예견된다.

더 심각한 문제는 WTO 협정이 FTA 협정과 같은 양자 협상이 아니라 다자간 협상으로, 이 협정이 발효되면 WTO 회원국 누구든 제한받지 않고 한국 철도 산업에 진출할 수 있는 길이 열리게 된다는 사실이다. 또 한미 FTA 협정에 근거해 다른 국제무역 협상이 비준될 경우 이 기준에 따른 개방을 보장해야 한다. 선진 기술과 거대 자본으로 무장한 철도 선진국들에 비하면 한국의 철도 산업은 대형 마트 앞의 골목길 구멍가게나 다름없는데도 말이다.

그동안 WTO 협정 과정에서 한국은 철도 선진국들의 전면 개방 요구를 번번이 거부하고 철도 산업을 보호해 왔지만, 이명박 정부 들어 완전하고 완벽한 개방의 물꼬를 트게 되었다고 할 수 있다. 국토부 철도 정책 담당자는 2012년 5월 23일 열린 토론회에서 지역 노선과 화물열차도 경쟁입찰을 통해 민간 개방을 하겠다고 밝혔다.

이대로 진행된다면 남북과 대륙을 가로질러 달릴 열차는 한국 열차가 아니라 미국과 일본, 유럽의 자본이 운행하는 열차가 될 것이다. 20세기 초에 선조들이 제국주의 일본의 국제 열차를 타고 달렸다면, 21세기에 우리는 한국 철도의 이권 쟁탈전에서 승리한 어느 열강의 열차를 타고 달리게 될 수도 있다.

정부가 조금이라도 앞을 내다본다면 미래를 책임질 교통수단이 무엇인지, 그리고 대륙을 달릴 수단으로서 철도가 갖는 위상을 다시 한 번 생각해 봐야 한다. 철도에 대한 과감한 투자와 이를 바탕으로 한 국가와 사회 주도의 든든한 공공 철도가 가져올 성과는 민영화를 통한 일부 자본의 이익과는 비교할 수도 없다.

철도는 네트워크다

철도를 네트워크 산업이라 한다. 망 산업이란 것이다. 망이란 무엇인가? 한 땀 한 땀 뜨개질이 계속될 때마다 더 넓게 퍼지는 실처럼 서로 엮이고 이어져야 제대로 힘을 발휘하는 게 이 망이란 것의 특징이다. 이 같은 망을 구축하고, 철도가 제대로 운행되기까지는 엄청난 돈이 필요하다. 땅을 구입해야 하고, 선로를 깔아야 하고, 역도 만들어야 하며, 신호 시스템도 만들어야 하고, 그런 선로 위를 달릴 기관차와 객차도 있어야 한다. 그래서 철도는 엄청난 적자를 안고 시작하는 산업이고, 이런 시설 투자비를 과연 적자로 봐야 하는지도 논쟁거리다. 왜냐하면 달리면 달릴수록, 이용자가 늘면 늘수록 들어가는 비용은 크게 늘지 않지만 얻을 수 있는 이익은 커지기 때문이다. 자동차가 이용자가 늘어날수록 비용이 엄청나게 증가하는 것과는 아주 대조적인 특징이다.

또 다른 철도의 특징 중 하나는 '독점'이다. 철도 산업은 이와 같은 네트워크적 특성상 자연적으로 '독점'적으로 운영될 수밖에 없다. 정부 관료들은 서울 지하철도 서울메트로와 도시철도공사가 일찍부터 경쟁을 통해 서로를 자극함으로써 효율화되었다고 하지만, 서울메트로 노선과 도시철도공사의 노선 가운데 서로 경쟁하는 노선은 없으며, 각각의 할당된 노선에서 독점적으로 사업을 하고 있을 뿐이다. 광범위한 초기 투자 비용과 촘촘히 연결된 네트워크 산업의 특성상 철도 산업에서는 '경쟁' 자체가 불가능하다. 그래서 철도에서 독점을 깨고 경쟁을 시킨다는 것은 불필요할 뿐만 아니라 사실상 불가능한 일이라고 철도 전문가들은 말한다.

이런 철도에 '경쟁 체제'를 도입한 나라가 있었다. 바로 영국이다. 영국 철도는 민영화를 통한 경쟁이 사회에 얼마나 커다란 해악을 끼치는지 보여주는 표본이다. 하나였던 국영 철도 회사가 노선별로 20개가 넘는 회사로 쪼개진 영국 철도는 효율화가 아니라 철도 요금 인상 경쟁에 나섰다. 2012년 1월 2일자 『가디언』 보도에 따르면, 런던에서 노샘프턴Northampton까지(한국으로 치면 서울-천안 거리) 1년간 통근 열차 요금은 840만 원에 달한다. 한국의 경우 120만 원이면 되는 요금이다(65세 이상 노인은 무료다). 영국은 현재 의회에서조차 민영화로 인해 다른 유럽 국가보다 30퍼센트 이상 높은 요금과 낮은 서비스를 제공받고 있다는 자조적인 평가를 하고 있다.

소중한 것은 눈에 보이지 않는다

모두 눈부시다고 말했다. 하늘 높이 치솟은 빌딩과 거리를 뒤덮은 자동차 행렬은 한국이 얼마나 발전했는지를 보여 주는 상징이었다. 2등은 기억하지 않는다는 채찍질 속에 한국 사회의 모든 사람이 무한 경쟁에 나선 전사가 되었다. 세계 최장의 노동시간에도 아랑곳하지 않고 오직 승자가 되기 위한 싸움에서 낙오되지 않기 위해 뛰고 또 뛰었다. 그런데 브레이크가 걸렸다. 도로를 꽉 막은 차들은 사람들을 지치게 했다. 대기는 온갖 유해 물질로 채워졌다. 토건족의 권유로, 막힌 도로를 대신해 또 다른 도로를 뚫었지만 자동차 수는 훨씬 빠른 속도로 늘었고 환경 파괴만 심해질 뿐이었다.

정신을 차리고 세상을 둘러보니 이미 다른 나라들은 철도를 대안 교통으로 만들어 놓은 상태였다. 도로에 쏟아붓는 돈을 줄이고 철도에 두 배 이상의 예산을 투자한 결과였다. 한국도 더 이상 도로 교통으로는 이 사회를 지속 가능하게 유지할 수 없음을 깨닫고 뒤늦게 철도에 눈을 돌렸다. 고속철도가 건설되었고, 도시 곳곳에 지하철이 만들어졌다. 철도가 연장될수록 교통 혼잡비용은 줄어들었고, 대기오염도 줄어들었다. 이제 철도의 수송 분담률이 증가할수록 우리 사회가 더 많은 혜택을 받을 수 있다는 것도 알게 되었다.

하지만 이윤과 효율을 최고의 가치로 여기는 사람들이 보기에 철도는 적자투성이 부실기업일 뿐이고, 이를 국가가 지원하는 것은 말도 안 되는 일이다. 또 이윤을 위해서라면 적자를 내고 있는 노선을 걷어 내고, 노약자에 대한 할인폭도 대폭 줄여야 한다고 말한다. 그러나 철도의 특징 가운데 주목할 점은 철도가 공익성이 매우 높은 교통수단이라는 점이다. 철도는 많은 사람들이 이용할 수 있는 대량성, 시간을 확실히 지켜 주는 정시성, 통근·통학에 필요 불가결하다는 일상성, 이중 투자를 피하고 자원을 유효하게 이용할 수 있는 자연 독점성, 초기 투자가 많이 들고 규모가 커짐에 따라 비용이 줄어든다는 한계비용성, 안전을 위해 일정한 숙련노동을 필요로 하는 전문성이 높다는 등의 특징을 갖고 있다. 이런 특징들로 인해 철도 산업은 전통적으로 공적 책임을 강하게 요구받아 왔다. 철도가 주는 사회적 이득은 눈에 보이지 않는 것에서 더 많이 발생한다. 만약 경부선 철도 없이 도로만으로 교통량을 감당한다면 그 사회적 비용은 천문학적일 것이다.

환경정책평가연구원의 조사에 따르면, 2000년 기준 도로 교통이 유발하는 사회적 비용(에너지 소비, 환경오염 비용, 혼잡비용, 사고 처리 비용 등)이 11조 4,310억 원인 데 비해 철도는 2,865억 원으로 도로의 2.5퍼센트에 지나지 않는다. 승객 1천 명과 화물 1톤을 1킬로미터 수송할 때 발생하는 환경 비용도 도로는 8만5,888원인 데 비해, 철도는 2만6,164원에 불과하다. 2006년에 발표된 정부의 "2005년도 에너지 총조사 보고서"에 따르면, 에너지 효율성 측면에서도 철도는 승용차의 18배, 버스의 3.9배, 화물 트럭의 8.8배에 이른다. 국토 이용률 측면에서도 철도는 도로에 비해 훨씬 적은 면적으로 수송을 담당할 수 있어 환경 파괴나 오염을 최소화할 수 있다. 2000년 유럽연합 조사에 따르면, 서유럽 17개국의 경우 교통수단으로 인해 발생하는 사회적 비용은 GDP 총액의 7.8퍼센트이며, 이 가운데 도로 부문이 92퍼센트, 철도 부문이 2퍼센트를 차지하고 있어, 환경문제에 관한 한 철도가 절대적으로 사회에 유익한 교통수단임을 알 수 있다.

철도가 미래의 교통수단으로 새롭게 주목받는 이유는 이와 같이 철도가 다른 교통수단에 비해 환경 친화적이라는 데 있다. 이미 환경문제는 인간다운 삶과 지속 가능한 사회를 위한 중요한 전제 조건이 되었다. 철도가 가져다주는 사회적 이윤은 일부 눈먼 신자유주의자들이 주장하는 철도 적자를 상쇄하고도 남는 엄청난 비용이다. 철도가 주는 혜택은 일부 재벌이나 다국적 자본의 것이 아니라 전체 사회의 몫으로 돌려져야 한다. 건실한 공공 철도는 취약한 한국 사회의 공공성을 확장하고 그 성과를 골고루 나누어 사회의 건강한 발전을 이루는 기초가 될 것이다.

2부

민영화는
효율적이라는 환상

밀양·마산·진주·창원으로 가실 승객께서는
코레일을 이용해 주시기 바랍니다.
언제나 고객을 생각하는 저희 수서발 KTX는
일반철도 노선과 연계 운행되지 않습니다.
__2016년, 수서역에서 듣게 될지도 모를 안내 방송

민영화 바이러스

거짓말도 자꾸 듣다 보면 진실처럼 느껴진다. 우리가 상식으로 알고 있는 많은 것들을 원래 그런 것이라고 무의식중에 받아들이게 되면서 벽에 갇히는 일이 종종 있다. 게다가 막강한 정보력과 언로를 장악한 정부가 프레임을 만들어 그 속에 시민의 생각을 가두어 버리면 거기서 벗어나는 생각을 하기 어렵다. 대표적인 것이 '공기업은 비효율적'이고 '민간은 효율적'이라는 프레임이다. 하지만 조금만 주위를 둘러보아도 우리는 공기업도 효율적일 수 있고, 민간 기업 가운데 비효율적인 부실기업도 얼마든지 존재함을 알 수 있다. 납품 단가 후려치기, 재고 떠넘기기, 공사 대금 연체하기, 불법 비자금 챙기기 등 요즘 '갑' 행세하는 기업들은 거의 모두 민간 기업들이다.

정부가 정책 추진의 근거로 내놓는 시민 의식 조사 같은 것들도 이와 같은 프레임 놀이의 산물인 경우가 많다.

"요금 인하와 서비스 개선이 가능하다면, 수서발 KTX 경쟁 체제 도입에 찬성하십니까?"

"수서발 KTX를 민영화하면, 요금 인하와 서비스 개선이 가능하다고 보십니까?"

앞의 질문과 뒤의 질문은 사실 같은 내용이지만, 정반대의 대답을 유도한다. 다음 글은 본질을 숨기고 교묘히 프레임을 바꾸면서 시민들을 호도하는 민영화안의 실체를 드러내고자 하는 노력이다.

신자유주의로의 전환과 민영화

지하철 9호선은 민간투자 사업의 문제를 적나라하게 드러내 주는 사례다. 서서히 몸을 갉아먹는 암세포처럼 우리가 알지 못하는 사이에 사회 전체가 탐욕의 블랙홀로 빨려들어 가고 있다. 권력과 의회와 자본이 하나가 되어 합법적으로 진행된 서민 주머니 털기가 이렇게 오랜 시간 동안 아무 탈 없이 진행되었다는 것은 그만큼 우리 사회의 자정 능력이 형편없이 소진되었다는 것을 반증하는 것이리라. 특히 민간투자 사업의 실행 과정에서 주최 측의 장밋빛 전망을 담은 보도 자료만 앵무새처럼 공표했던 일부 언론이 이제 와서 심판관 역할을 자처하는 것을 보면 안타까움은 더욱 커진다.

자본주의 시장경제 체제의 가장 큰 특징은 경쟁을 통한 효율화다. KTX 민영화를 줄기차게 주장하는 국토부 관료들도 경쟁을 통해 독점의 폐해로부터 철도를 구하겠다는 것을 가장 큰 명분으로 내세우고 있다. 그러나 얄

궂게도 경쟁을 통한 효율화의 결과야말로 '독점'이다. 경쟁에서 탈락하는 기업이 몰락할수록 승자는 더 강해지고 과점과 독점으로 이어져 시장경제의 효율성을 좀먹는 괴물이 되어 버리기 때문이다. 따라서 국가는 시장경제 체제의 효율성을 살리면서도 그 결과로 나타나는 독점의 비효율을 막아야 하는 이율배반적인 역할을 해야 한다. 이에 따라 경쟁을 촉진하는 장치들을 마련하는 것 외에 카르텔이나 독점을 방지하기 위한 여러 법적·제도적 장치들을 두게 되었다.

이 과정에서 산업 자본주의 시대는 기업 활동을 촉진하는 사회적 인프라를 국가의 몫으로 정하고 사회적 비용을 들여 구축했다. 사회간접자본이라 불리는 기반 시설들은 거대한 투자비와 그 사회적 성격으로 인해 국가가 감당해야 할 부분으로 인식됐고, 경제를 활성화하는 데 중요한 역할을 담당했다. 사회간접자본 분야는 경제성장을 촉진하는 것 외에 국가 구성원의 삶의 질을 향상시키고 사회에서 꼭 필요한 교육·에너지·이동권 등을 보장하는 장치로 기능했다.

그러나 반복적으로 진행되는 자본주의 경제의 위기와 이에 따른 이윤율 하락으로 인해 기업들은 새로운 이윤 창출 창구를 개척해야 했고, 사회기반시설을 비롯한 공적 부문의 민영화를 통한 이윤 확보가 대안으로 떠올랐다. 여기에 거대하게 성장한 산업 금융 복합 자본들은 충분한 자금을 동원할 수 있는 능력과 자신감으로 정부 역할의 축소를 지속적으로 요구하게 되었다. 신자유주의의 기본 테마인 '작은 정부', '민영화'(사유화), '무한 경쟁'의 회오리가 자본주의를 구할 유력한 대안으로 제시되었고, 영국의 대처리즘과 미국의 레이거노믹스가 그 선두에 섰다.

대안은 없다며 전격적으로 진행된 영국과 미국의 신자유주의 정책은 바로 공공 부문의 해체를 통해 구현되었다. 산업 전반에 대한 구조 조정과 노동조합의 분쇄, 경쟁을 통한 승자 독식의 패러다임이 현실화되는 동안 눈에 보이는 실물 경제지표의 반짝 효과와 단기 호황은 신자유주의 정책의 정당성을 보여 주는 증거가 되었고, 사회는 이미 대세로 굳어진 신자유주의 흐름에 밀려갈 뿐이었다.

신자유주의를 통해 자본은 위기를 극복하고 일부 기업들은 폭발적인 성장을 이루어 냈으며 국가의 경제지표도 향상되었다. 그러나 그 성장의 열매는 소수의 거대 자본에 집중되었고, 대다수 사회 구성원에게는 어두운 그림자가 드리워졌다. 복지 혜택의 축소, 실업, 물가고 등으로 사회 전체는 급격하게 양극화되었다. 무너지는 공적 시스템과 그에 비례해서 확장되는 사적 이윤 체계는 이 사회의 지속 가능성을 좀먹는 해악으로 변해 가고 있다.

민영화 기법의 변화

민자 사업은 민영화의 위장 잠입 undercover 형태다. 민자 사업은 그 대상을 사회간접자본으로 삼아 광범위하게 추진되었다. 대한항공이나 포항제철처럼 완결적 구조의 공기업을 민간에 매각하는 전통적인 민영화 방식이 아니라 소유권은 국가가 갖고 운영권만 확보해 수익을 창출하는 구조로 진행됐다. 이런 이유로 민자 사업은 사적 기업의 이윤 창출 도구로 기능하지만, 겉으로 보기에는 국가가 관리하고 민간 기업의 효율성을 도입해 사회에 기여하는 것처럼 여겨졌다. 여기에 가장 큰 함정이 있다. 우리가 알지 못하는 사이에 사회기반시설 전반에 걸쳐 사회적 자산이 사적 수익 창출의 도구로 변한 것이다. 이런 현상은 조용하고 서서히 진행되었는데, 정부가 촉진하고 법이 보장하면서 당연하고 자연스런 현상처럼 되어 버렸다.

2011년 말부터 KTX 민영화에 시동을 건 국토부는 억울함을 호소하며 수서발 KTX는 절대 민영화가 아니고 민간 경쟁 체제 도입이라고 주장했다. 2012년 5월, 약 8일간에 걸쳐 실시한 여론조사에서는 "수서발 KTX 운영을 외주화할 경우 운임이 인하되고 서비스가 좋아질 거라 생각하십니까?"라며 아예 질문 항목을 '외주화'로 바꾸어 버렸다. 어떻게든 민영화란 프레임에서 빠져나오려는 얕은 속임수이다.

철도 민영화의 폐해로 고생 중인 영국이 국토부가 추진하는 민영화 방식의 표본이다. 기반 시설은 국가가 소유하고 민간이 일정 기간 운영권을 갖고 재계약 여부에 따라 사업을 지속하는 것이다. 국토부의 논리라면 영국의 철도는 민영 철도가 아닌 셈인데, 이런 주장은 국제적 웃음거리밖에 되지 않는다. 지난 2002년 국토부(당시 건설교통부)는 민영화를 추진하면서 영국 철도는 민영화 초기에 시설과 운영을 모두 민간에 매각했다는 사실을 들어 한국 철도의 민영화 모델은 실패한 영국 모델이 아니라고 강변했다. 그러나 영국 철도는 민간에 매각했던 시설 부분을 정부가 인수하면서 재공영화되었고, 지금 국토부가 추진하는 방식의 구조로 자리 잡았다.

철도 민영화와 구조 개편 방안을 제출했던 세계은행은 민간 참여의 방법으로 아홉 가지를 제시했다. "국가 소유 기업에서 운영 분야의 개방, 사업권 분할, 서비스 공급 계약, 경영 위탁 계약, 사업권 승인" 등이 그것인데, 국토부가 추진 중인 내용을 보면 세계은행이 말하는 민영화의 핵심 요소를 모두 담고 있다. 민자사업의 가면을 쓴 채 민영화라는 맨얼굴을 보이지 않겠다는 술수에 불과하다.

지하철 9호선의 교훈

국토부는 입만 열면 '민간의 효율성'을 강조한다. 하지만 민간은 정말 효율적인가? 정부 주장대로라면 효율적인 민간은 망하는 일이 없어야 한다. 그러나 IMF 경제 위기를 몰고 온 것이 누구인가? 문어발식 확장, 부당한 내부거래, 무리한 인수 합병, 탈세와 위장 증여 등 온갖 불법과 탈법의 주범은 바로 민간 기업이 아닌가? 게다가 민자 사업 전반에서 드러난 민간 기업의 행태는 최소한의 도덕성까지 팽개쳐 버린 모습이다. 정부의 무조건적인 비즈니스 프렌들리 정책과 민간의 탐욕이 만났을 때 민간이 효율적이란 말이 얼마나 허망한 신기루인지 최근의 사태가 잘 보여 준다.

민간의 효율성에 대응하는 말이 공기업의 비효율성이다. 공기업은 근본적으로 비효율적일 수밖에 없다는 정부 주장은 이제 신앙에 가깝다. 그러나 공기업은 정말로 비효율적인가? 시민의 관점에서 보면 공기업은 그 특성상 내재적인 효율성을 이미 담지하고 있다. 투자자와 관리자가 납세자인 시민을 대행하는 정부나 지방자치단체이기 때문에 여기서 발생하는 이익이나 효용은 모두 시민의 몫으로 환원되도록 되어 있다. 특정한 사적 투자자나 주주의 수익을 보장할 필요가 없기 때문이다.

공기업의 비효율은 관리 대행 체제를 맡은 정부에서 비롯된다. 낙하산 인사, 4대강 사업과 같은, 공기업 본연의 임무를 방기한 채 정권의 치적을 위해 강요당하는 사업 시행, 퇴임 후 고위 관료들의 노후 보장 수단, 심지어는 민간 기업의 부실 떠안기 등 공기업의 제 기능을 방해하는 거의 모든 일이 정부에 의해 자행되고 있다. 게다가 정부는 이런 문제를 감시하고 제어할 시스템을 만들자는 시민사회의 요구를 끈질기게 거부하고 있다.

지하철 9호선의 특징 중 하나는 거대 네트워크의 일부를 최초로 민간 기업이 운영하게 된다는 점이다. 서울지하철이 중요한 것은 그 누구도 부인할 수 없는 서울시의 필수 교통수단이기 때문이다. 개선할 점이 여러 가지지만 이 지하철의 효율성을 극대화하는 데 가장 중요한 것은 지하철 노선 전체가 단일한 체계로 연결되는 것이다. 서울시와 관계된 지하철 시스템은 5개의 운영 기관이 있음에도 상호 연계와 환승이 가능하고 동일한 요금 체계로 시민들에게 교통 편의를 제공하고 있다.

그러나 공교롭게도 9호선처럼 민간이 들어온 부문만 독자적으로 요금 인상을 요구하고 있으며, 신분당선은 이미 비싼 요금을 받고 있다. 똑같은 필수 기반 시설을 이용하는 시민들에게, 일부 구간에 대해서만 더 높은 요금을 부담하도록 하는 것은, 그것도 그 외에는 다른 노선을 이용할 수 없는 시민들에게 이를 요구하는 것은 납득할 수 없는 일이다. 게다가 이런 일이 민간 기업의 수익을 보장하기 위한 것이라면 더욱 그렇다. 네트워크 산업에서 중요한 요소 중 하나는, 전체가 연결되어 상호 영향을 주는 시스템이기에 어느 특정 부분의 성과나 손실도 전체에 영향을 준다는 사실이다. 비교적 잘 운영되고 있는 네트워크의 일부에 심각한 폐해를 일으킬 수 있는 악성 바이러스가 침투했고 이것이 전체를 감염시키려 하고 있는 게 지하철 9호선이고, KTX 분할 민영화의 본질이다. 이 문제를 치료할 백신은 분명하다. 지하철 9호선을 시민의 것으로 환수하고 수서발 KTX 민영화 추진을 당장 중지하는 것이다.

민자 사업의 민낯

공공성에 대해 이야기할 때면 가끔 너무 한 쪽으로만 치우친 이야기가 아니냐는 질문을 받는다. 대개 사람들은 자신이 서있는 곳을 중심으로 사회를 본다. 자신이 서있는 곳은 어디인가? 한국 사회에서 기업가 정신이나 효율성, 생산성 같은 것들은 어디서나 배울 수 있다. 학교 수업 시간에, TV에서, 회사에서, 심지어는 예비군 훈련장이나 민방위 교육장 같은 데서도 배운다. 반면 국가가 책임져서 시민이 누려야 할 기본 권리인 공공성을 배울 수 있는 곳은 없다. 일방의 논리로 길들여진 사람들이 보기에 한국 사회에서 공공성을 강조하는 일이 과도하게 보일 수도 있다.

하지만 민영화 또는 민자 사업은 재벌에 황금알을 낳는 거위를 안겨 주는 일이다. 정부의 재정 부담을 완화하고 민간의 효율적 경영으로 국가 경제에 기여하겠다는 취지는 허울일 뿐이다. 토건·금융자본이 어떻게 시민의 주머니를 털어 가는지는 이미 여러 민자 고속도로를 비롯한 과거 민영화 사례를 통해 증명되었다. 민자 사업은 굳이 경영 개선 노력이나 이용자를 위한 투자를 할 필요가 없었다. 이익이 나면 가져가고 손실이 나면 정부나 지방자치단체가 채워 주는 최고의 사업이 민자 사업이다. 손실의 사회화, 이익의 사유화로 가는 급행열차인 민자 사업의 민낯을 살펴보자.

무너지는 공공서비스

2000년대 중반부터 사회 곳곳에서 민자 사업이 시작됐다. 고속도로, 일반도로, 철도, 지하철, 경전철, 터널 등 사회기반시설 전 분야에서다. 이런 사업은 정치인의 선심성 공약에 정부 관료, 토건 마피아들이 결탁하고 투기 자본이 힘을 합치면서 사회 전체로 급속히 퍼져 나갔다. 여기에 개발이익이나 역세권 효과를 누릴 주민들이 호응하면서 민자 사업은 더욱 탄력을 받았다.

장밋빛 전망 속에 추진된 이들 민자 사업은 사실 언젠가는 터질 폭탄과도 같았다. 폭탄에 달린 심지는 점점 줄어드는데, 폭탄을 설치한 사람은 이미 다 사라졌고, 죄 없는 서민만 폭탄을 끌어안고 있다. 더 끔찍한 일은 이런 민자 사업 폭탄들이 아무런 제지 없이 계속해서 여기저기 설치되고 있다는 것이다.

정부와 기업이 말하는, 사회기반시설에 대한 민간투자 유치는 그 취지와 명분에서 사회 전반의 이익을 추구한다고 되어 있다. 민간의 효율성을 활용해 정부의 재정 부담을 완화하고, 시민의 부담을 줄여 줌으로써 정부, 기업, 시민이 모두 '윈윈'하는 정책이라고 정부는 말한다. 그러나 실제 사업이 집행되는 과정에서 민간 자본의 수익 창출이 최고 목표가 되면서 민자 사업은 재앙이 됐다. 특히 사업 추진 과정에서 편법과 비리가 횡행하고 정부 재정을 눈먼 돈으로 여긴 견고한 카르텔이 형성됐다.

사회간접자본은 일반 시장경제의 흐름과는 상이한 패턴으로 재정을 운용한다. 사회간접자본 부문이 그동안 공공의 책임으로 건설되고 유지되었던 데에는 그만한 이유가 있다. 그럼에도 자유시장경제의 논리와 방식으로 투자와 이윤 확보가 시도된다면, 공항 철도에서 볼 수 있듯이 민간 재벌이 단물만 빼먹고 엄청난 적자를 공기업에 떠넘기거나, 지하철 9호선처럼 과도한 요금으로 시민을 압박할 수 있다.

사회간접자본, 특히 철도 산업은 초기에 막대한 자금이 소요된다. 선로, 역사, 차량 등 기본 시설과 운용 장비에 천문학적 비용이 들어가고 이 비용은 장기적인 운용 과정에서 회수된다. 따라서 철도의 건설과 운영에 관한 합리적인 재원 분담 방식이 필요하다.

일본인들이 높은 교통비를 감당할 수 있는 비결

철도와 같은 사회간접자본에 대한 운영 방식과 투자에는 서로 대비되는 두 가지 방식이 있는데, 하나가 '일본형'이고 다른 하나는 '유럽형'이다. 각각의 사회문화적 특성에 따라 지원 방식이 다르지만 두 경우 모두 한국과 비교해 철도 요금이 상당히 높은 수준이다. 그럼에도 불구하고 이 같은 요금 체계의 바탕에는 시민의 이동권을 보장해야 한다는 공통된 인식이 존재한다. 그것이 어떻게 작동하고 있는지 살펴보자.

근대 유럽의 경우 국가의 역할이 강조된 반면, 일본은 국가보다는 사적 공동체가 공동체 구성원의 생활을 보장하는 책임을 맡았다. 이런 특성은 근대화와 전후 복구 과정에서도 이어져 일본 기업들은 국민의 생활을 보장하는 기본 단위가 되었고, 이것이 신자유주의가 도입되기 전까지 '가족 같은 직장, 정년이 보장되는 고용 체제'를 통해 일본 사회를 지탱하는 힘이 되었다.

이와 같은 역사적이고 문화적인 맥락은 철도 산업과 관련해서도 작동하고 있다. 일본을 여행하며 열차를 이용해 본 사람들이라면 잘 알다시피, 일본의 철도 요금은 일본의 국민소득 수준을 감안하더라도 상당히 높은 편이다. 그럼에도 이런 높은 요금이 사회적 저항 없이 유지되는 비결은 국가가 아니라 기업이 교통 요금의 상당 부분을 부담하기 때문이다. 일본에서는 특히 생산 활동을 위한 모든 철도 요금을 기업이 부담한다. 편의점에서 임시직으로 아르바이트를 하더라도 시간당 임금 외에 교통 요금이 지불된다. 이렇게 지원되는 교통 요금은 사업주가 한계를 정해 놓고 이용 한도가 차면 개인이 추가분을 지불하는 정액제 시스템이 아니라 실제 이용한 만큼 보전되는 상당히 파격적인 제도다. 나아가 정부는 이렇게 처리된 기업의 교통 보조금에 세제 혜택을 제공함으로써 이를 지원한다. 만약 이런 기업 보조가 이뤄지지 않으면 일본 시민의 교통 이동권은 심각하게 침해받을 것이다. 2012년 3월 일본의 공공 교통 문제에 대해 인터뷰한 국토교통성의 우츠보 쇼타 철도산업국제과 전문관은 "일본에서 고용주가 피고용인에게 교통 요금을 보전해 주는 것은 오래전부터 이어져 온 일로 기업 활동에 필요한 인력에 대한 교통비 지원은 당연한 일"이라고 강조했다. 일본 사회는 서구와 달리 특유의 문화적 특성으로 인해 일부 공공 영역의 사회적 비용을 기업이 부담하고 있는 것이다.

이와 같이 일본은 기업이 공적 부조의 역할을 담당하고 있기에 철도에 대한 투자 방식도 다양하다. 특히 철도 회사의 자립 채산과 이윤 확보를 가능하게 하는 사회적 환경 속에서 운임 수입을 통해 자본비와 운영비뿐만 아니라 적정이윤을 확보하는 설계를 하고 있다. 이 과정에서도 정부는 각종 철도 투자 기구를 설치해 막대한 보조금을 지불한다.

유럽은 철도를 공공재로 분류해 공적 보조와 적자 보전을 기본으로 하는 공공 수송 정책을 취한다. 교통 요금의 경우, 네트워크 인프라의 특성상 어느 특정 부분의 부실이 결국은 전체에 영향을 미칠 수 있기 때문에 한계비용 운임 결정 방식을 도입하고 있다. 투자 원칙을 정할 때는 철도의 사회적 역할과 사회경제적 효과를 반영해 교통 혼잡비용과 환경오염 비용 등 도로 교통 대비 사회적 기여도가 높은 특성을 고려한다. 프랑스의 경우 직장인은 월 6~8만 원 정도의 교통비를 지불하고 서울에서 평택 정도 거리를 통근 열차와 버스로 제한 없이 이용한다. 취업자들은 이 비용 중 50퍼센트를 회사에서 지원받는다. 독일 프랑크푸르트 대학의 경우 통학생은 열차와 버스를 자유롭게 이용한다. 최근 인상된 연간 3백 유로(한화 47만 원) 정도의 대학 등록금에 교통비가 포함되어 있기 때문이다. 또 현재 독일의 주정부와 대학들은 그나마 받고 있던 대학 등록금까지 폐지하고 있는데, 이럴 경우 학생들의 교통비 부담은 더욱 줄어든다. 이처럼 공공 교통은 시민의 이동권을 보장하는 의미에서 국가가 그 비용을 부담하는 방향으로 정착돼 가고 있다.

그렇다면 한국의 현실은 어떤가? 절대적으로 교통 요금은 선진국에 비해 낮은 편이지만, 시민이 부담하는 비율은 상대적으로 높다. 통근길·통학길 시민의 교통비는 고스란히 이용자의 몫이다. 사회 공공재에 대한 시민권적 인식이 부재하고, 이를 위한 재원 마련에 정부나 기업이 손을 놓고 있는 실정에서 국민소득 수준에 비해 높은 교통 요금을 지불하고 있는 것이다. 심각한 점은 이런 상황에서도 문제가 개선되기는커녕 더 악화되고 있다는 사실이다. 그 원인이 바로 민영화와 그 추진 방법의 일환인 민간투자 사업이다.

한국의 민간투자 사업은 말만 민자 사업일 뿐 공공 투자 재원으로 진행되고 있다. 재정 지원 30퍼센트와 정부 보증으로 빌린 자금을 제외하면, 시행 사업자의 자기자본 비율은 30퍼센트에 불과하다. 더 큰 특혜는 민자 투자 사업의 실행 원가가 총공사비의 60퍼센트에 불과해 사업 시행자는 거의 자기 돈을 들이지 않고 사업을 수행한다는 점에 있다. 민간 건설사들의 자체 원가 대비 실행 원가 비율을 보면, 실제 공사비는 협약서 공사비의 56퍼센트 수준에 불과해 공사비에서 엄청난 폭리를 취하고 있음을 알 수 있다. 게다가 민간이 하면 효율화되어 비용이 낮아진다는 정부의 설명과 달리, 고속도로만 보더라도 킬로미터당 평균 건설 단가는 민간투자 사업이 약 220억 원으로 국가가 담당했을 때의 157억 원보다 40퍼센트 이상(킬로미터당 63억 원) 높다. 수의계약에 의한 사업자 선정과 발주처와 사업자 또는 사업자 사이에 담합을 할 수 있는 구조가 아직도 고쳐지지 않고 있기 때문이다. 게다가 민자 고속도로 이용료는 도로공사가 관할하는 고속도로보다 훨씬 높게 책정된다.

눈에 잘 드러나지 않는 사회기반시설에 최근 십여 년간 엄청난 민간투자 사업이 시행되었다. 이는 한국의 사회기반시설을 뿌리째 흔들어 놓을 만한 수준이다. 특히 시장 우선과 민간투자 활성화, 규제 완화와 공기업 민영화를 나아갈 지표로 삼는 정책 담당자들과 토건 자본의 강력한 결합은 한국의 사회간접자본 발전에 크나큰 해악으로 작용한다. 각종 수치의 왜곡과 장밋빛 전망을 양산하고, 나중에 문제가 발생해도 누구도 책임지지 않는 일이 반복되고 있다.

2007년 한국개발연구원은 정부 보조금 산정 기준이 되는 수요예측이 민간투자 사업에서 50퍼센트 이상 과다 측정되었다고 밝혔다. 정부와 토건 자본은 사업 타당성을 확보하고 향후 운영 수입을 안정적으로 챙기기 위해 수요예측을 부풀린다. 이런 수요예측 부풀리기는 업체의 입맛에 맞게 용역보고서를 작성해 주는 한국교통연구원과 같은 전문 용역 기관의 몫이다. 이들이 일반적으로 쓰는 방식은 업체의 투자수익률을 산정해 놓고 교통 수요예측을 역산하는 것인데, 이로 인한 부담은 국민에게 전가된다.

정부가 밝히고 있는 KTX 민영화의 내용은 지금까지의 민자 투자 사업과는 완전히 다르다. 애초 수서발 KTX는 철도공사가 갖고 있는 구조적 적자 문제를 해결하고 철도 산업 발전에 기여하는 방향으로 기획됐기 때문이다. 따라서 민간투자 사업의 대상도 아니었고 당연히 국가가 세금으로 기반 시설 건설을 맡게 됐다. 그러나 토건 재벌과 외국자본의 입장에서 볼 때 영구적인 수익을 보장하는 황금알을 낳는 공적 기반 시설은 상당히 매력적인 투자 대상이었다. 더욱이 건설 경기 침체 속에서 안정적인 수익 창출과 역사 주변 개발 이권까지 챙기게 될 경우 얻는 막대한 수익을 생각해 볼 때 토건 재벌로서는 사운을 걸고라도 도전해 볼 만한 일이다. 더욱이 비즈니스 프렌들리를 자처하며 토건·금융 세력과 강력히 결합되어 있던 이명박 정부만큼 유리한 시기가 없었다. 결국 이런 사정 속에 15조 원의 국민 세금이 투자될 시설을 아예 통째로 재벌에 넘기는 일이 시도된다.

철도 시스템은 그 필요성과 중요성이 점점 더 커지고 있다. 경부선 철도나 서울시 지하철이 하루라도 운행을 중단할 경우 벌어질 사회적 혼란은 이제 쉽게 예상할 수 있다. 그만큼 시민 생활과 밀접히 관련되어 있다. 이런 기반 시설에 대해서는 무엇보다 그 사회적 역할에 따른 공적 시스템이 확고하게 유지되는 바탕에서 수익성이나 적자 구조 개선 문제가 논의되어야 한다. 사회적 자산의 무분별한 민영화의 문제는 비단 재벌에 특혜를 제공한다는 점뿐만이 아니다. 더 큰 문제는 양극화를 촉진하고 민주주의마저 훼손해 빈익빈 부익부 시스템을 고착화하는 데 있다. 이미 선진국은 철도와 같은 사회기반시설을 계층·소득과 무관하게 시민이 자유롭게 접근하고 이동할 수 있는 기본권으로 간주하고 있다. 지금이라도 한국 철도의 바람직한 발전 방안에 대해 정부와 의회, 철도 전문가, 시민사회가 머리를 맞대고 사회적 논의를 시작할 때다.

마을버스가 다니는 동네,
지하철이 다니는 동네

복지가 보편적이어야 한다는 것은 2011년 서울시장 선거 결과로 드러난 시대정신이다. 보편적 복지를 반대하는 무기로 사용된 선택적 복지라는 프레임은 양극화를 기정사실화하고 복지를 저소득층에 대한 시혜의 장치로 만든다는 점에서 큰 반발을 샀다. 이제 복지가 '보편적'으로 제공되어야 한다는 데 있어서는 어느 정도 사회적 합의가 형성된 것으로 보인다.

이런 복지의 스펙트럼은 의료·교육·보육 등 우리가 쉽게 떠올리는 분야뿐만 아니라 미처 접근하지 못했던 환경과 교통 분야로까지 넓혀 볼 수 있다. 특히 현대인이 가장 빈번히 이용하는 필수 교통수단과 관련된 이동권 문제는 더 이상 정부 일각의 정책 담당 부서에 맡겨 두어서는 안 된다.

이제는 우리도 이동권에 대해 관심을 가져야 할 때이다. 이는 선진국에서는 이미 보편적 복지로 발전하고 있다. 헌법에 보장된 사상의 자유처럼 모든 시민이 사회적 지위나 재산 정도에 관계없이 자유롭게 이동할 수 있는 권리를 사회가 보장해야 하는 때가 도래한 것이다. 프랑스 교통기본법은 시민이 교통수단을 자유롭게 이용할 수 있어야 한다는 인식을 법의 출발점으로 삼고 있다. 프랑스 교통기본법상의 교통권은 모든 이용자의 이동할 권리, 교통수단을 선택할 자유, 적정한 접근성, 서비스의 질, 운임의 적절성, 정부의 비용 부담을 분명히 하고 있다. 이동 제약자에 대한 특별 조치 역시 기본적으로 보장한다.

그러나 이런 프랑스에서조차 철도에 대한 접근성이 높은 지역과 그렇지 못한 지역 사이의 삶의 질은 판이한 것으로 나타났다. 고장이라곤 거의 없이 2분마다 한 대씩 오는 파리 도심의 14개 지하철 노선에 비해, 파리 외곽과 도심을 연결하는 5개의 도시철도 RER은 하루에도 수차례 고장을 일으키며, 이를 이용하는 파리 외곽 주민들의 삶을 말 그대로 지옥으로 만들고 있다. 게다가 이런 교통 상황과 더불어 도심과 외곽 지역의 의료 접근성, 교육, 문화, 주거 환경을 비롯한 사회기반시설의 차이가 복합적으로 상호 작용하면서 불과 15분 간격의 거리를 두고 지역별로 평균수명이 두 배나 차이가 나는 현상이 나타나고 있다(목수정의 파리 통신, 『경향신문』, 2012/02/28). 가난한 지역일수록, 의료 접근성을 비롯한 다양한 혜택은 물론, 자유롭게 교통수단을 선택하고 이용할 수 있는 수단마저 누릴 수 없다는 것이다.

한국의 경우는 어떤가? 한국은 교통수단이 사회적 약자는 물론이고 서민들에게 더 큰 제약을 주는 방식으로 자리 잡아 가고 있다. 『매일경제신문』에서는 "대한민국 출근 보고서"라는 기획하에 기자가 직접 출근길 직장인을 따라나섰다. 노원구 중계동에 사는 직장인과 서울 시내 대표적 부촌 중 하나인 강남구 도곡 2동에 사는 직장인의 출근길 비교 체험이었다. 노원구 중계동에서 출발한 직장인은 배차 간격이 큰 버스를 힘겹게 타고 콩나물시루 같은 지하철에서 짐짝 취급을 받으며 1시간 15분을 걸려 을지로에 있는 직장에 도착했다. 반면, 강남구 도곡동에서 출발한 직장인은 40분 만에 여유롭게 을지로에 있는 직장에 출근했다. 직선거리로는 12.7킬로미터와 10.6킬로미터로 약 2킬로미터의 차이가 나지만 소요된 시간은 거의 배가 차이가 난다(『매일경제신문』, 2012/04/04). 서울 외곽 수도권 지역에서 출퇴근이나 통학을 하는 수백만 명의 시민들은 그만큼 더 많은 비용과 고통을 감수해야 할 것이다. 이미 교통수단 이용에서도 눈에 띄게 양극화가 심화된 것이다.

서울시 도시철도역 접근성을 분석한 자료에 따르면, 지하철역을 중심으로 5백 미터 반경을 조사한 결과 도시철도 소외 지역 면적 비율이 강북구(80.94퍼센트), 금천구(79.67퍼센트)를 상위권으로 관악구·도봉구·성북구·은평구 등 주로 강북 지역의 저소득층 밀집 지역이 차지하고 있다. 이들 지역에서 흔히 볼 수 있는 마을버스는 시에서 제공하는 기본 교통 인프라의 혜택을 받지 못하고 있다는 것을 역설적으로 보여 준다. 소득수준이 낮음에도 불구하고 마을버스 요금을 추가 지출해야 하는 것이다. 더구나 마을버스는 매연 저감 장치 의무 부착 대상도 아니어서 이 지역의 시민들은 버스에서 배출하는 매연에 그대로 노출되어 있다. 쾌적한 환경에서 살 권리조차 박탈당하고 있는 실정인 것이다. 지하철 2호선과 4호선 일부 구간의 극심한 혼잡을 겪어야 하는 사람들은 대부분 기본적인 교통 인프라의 소외 지역 사람들이다. 서울의 전셋값 폭등으로 더 먼 외곽 지역으로 나가야만 하는 사람들에게도 교통비는 또 다른 압박으로 다가온다.

지하철역 5백 미터 반경을 조사해 역 접근성을 분석한 〈그림 2-1〉을 보

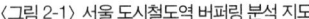
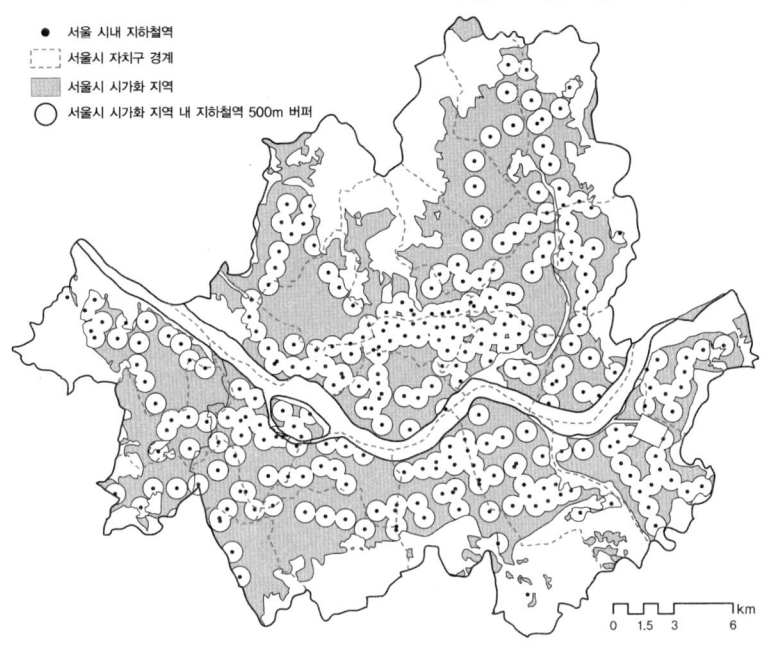

〈그림 2-1〉 서울 도시철도역 버퍼링 분석 지도

주: 완충지대를 의미하는 버퍼는 버퍼링 분석에서 일정한 범위를 갖는 영역을 말한다. 500미터 버퍼란 지하철역 주변 500미터 반경을 의미한다.
자료: 철도와 교통복지 정책 세미나 자료집(2012/02/08)

면, 서울 중심부와 강남 지역은 도시철도역 접근성이 좋은 반면, 강북구·은평구·서대문구·금천구·관악구·양천구·도봉구·구로구 등 서민 주거지역은 도시철도 인프라망에서 소외되어 있음을 알 수 있다. 새누리당이 압도적 득표를 기록하곤 하는 강남 3구의 도시철도와 도로폭 등 제반 교통 여건은 다른 어느 지역보다 뛰어나다. 반경 5백여 미터 안에 존재하는 두세 곳의 지하철역과 넓은 도로가 이 지역의 생활을 쾌적하게 만들고 있기 때문이다.

우리가 모르는 사이에 사회적 인프라마저 잘사는 사람들에게 편중되고 있다. 가까운 곳에 지하철역이 생기면 생활은 더 편리해지고 집값이 오른다. 모두가 내는 세금이 더 힘들고 어려운 사람에게 쓰이기보다는 사회 양극화를 촉진할 수도 있는 것이다. 한국 세금 제도의 특징은 직접세보다는 간접세 비중이 커서 소득에 따른 사회적 의무와 역할이 무시된다는 데 있다. 더 나아가 서울 시민들이 내는 세금이 소외되고 낙후된 지역을 개선하는 데 쓰이는 것이 아니라 수십 년간 부유한 지역을 고착화하고 사회적 혜택마저 부자들에게 집중시키는 악순환이 계속되었다.

서울 도시철도 노선 가운데 최고의 특별 혼잡 지역으로 분석되는 2호선 신도림에서 교대 구간, 특히 최고조에 이르는 오전 8시 20분부터 8시 50분까지의 서울대입구-교대 구간과 8시부터 8시 30분까지의 4호선 미아삼거리-동대문 구간은 모두 넓은 도시철도 소외 지역을 배후에 두고 있다. 출근 시간뿐만 아니라 퇴근 시간에도 도시철도 소외 지역으로 이동하는 사람들은 커다란 고통을 겪는다.

하지만 어떤 정치인도 퇴근 시간 4호선 동대문 역사문화공원역에서 터져 나오는 사람들의 비명 소리에 귀 기울이는 모습을 보지 못했다. 하루하루 '지옥철'의 고통 속에 시달리는 시민들의 고통의 원인은 정치에 있다.

특히 일부 토건족과 이해를 같이하는 정부 부처와 정치인들은 폭발 직전인 낙후 지역의 교통 이동권 불만을 자신들의 이윤 추구 창구로 전환시키려 하고 있다. 이들은 서민을 위해 교통 인프라 개선을 시도하겠다며 민간투자 사업이라는 반서민적 정책을 전면화하려 하고 있다. 지하철 9호선과 신분당선이 보여 주듯이, 민간투자 사업은 결국 세금은 세금대로 가져가고 높은 요금과 불편을 감수하게 하면서 투자자들은 막대한 수익을 챙기는 반서민적 정책으로 귀결된다. 사회간접자본과 관련된 정부의 재정 부담을 줄여 주고 민간투자를 활성화하겠다는 그럴듯한 명분을 내걸고는 토건족과 이들을 대변하는 정치인, 정부 관료들이 하나가 되어 천문학적 액수의 시민 혈세를 뽑아 간 게 그동안의 민자 사업이었다. 대통령 임기 말 얼렁뚱땅 밀어붙였던 정부의 KTX 민영화는 재벌에 특혜를 주기 위해 노력하는 사익 집단의 모습을 노골적으로 보여 주었다. 2012년 대선 당시에는 일부 수도권 지역 야당 의원들조차 민간투자 사업으로 재정을 충당하는 경인선 전철의 지하화안을 공동 공약으로 내걸었다. 기존의 〈민자사업법〉을, 기업으로 하여금 사회적 역할을 수행하게 하고 정부의 재정 부담을 완화시켜 주는 취지에 맞게 전면 개정하는 일부터 시작해야 한다. 그렇지 않으면 민간투자란 시민들의 호주머니를 터는 재벌 기업의 잔치가 될 것이다.

공공성이 사라진 나라

착한 적자

홍준표 경남지사에 의해 진주의료원이 폐쇄된 사태는 우리에게 공공성이란 무엇인가를 다시 생각하게 해준다. 정부의 역할은 무엇인가? 사회 구성원이 삶을 유지하기 위해서 필요한 사회적 기반을 제공해 주는 것이다. 이것은 이윤이 목적이 아니라 헌법에 보장된 행복 추구권의 기초를 마련해 주는 데서 출발한다. 그러나 정부의 공적 역할을 효율성이라는 목표에 대한 장애물로 간주하는 일이 아무렇지도 않게 벌어지고 있다. 지방정부의 수장이 나서서 적자를 이유로 시민의 의료 기관을 폐쇄하고 있는 것이다.

박근혜 대통령은 진주의료원 사태를 언급하면서 '착한 적자'란 이야기를 했다. 사회의 건강한 발전을 위해 돈을 쓰는 것은 정부의 당연한 역할이다.

철도의 적자 역시 박근혜 대통령이 말한 대표적인 '착한 적자'이다. 한편으로는 '적극적 적자'라고도 부르는데, 공기업이 사회적 기능을 수행하기 위해 발생시키는 적자는 나쁜 것이 아니며, 때로는 더 적극적으로 손해를 봐야 사회 전체의 이익이 증가한다는 사실을 놓치지 말아야 한다. 철도 민영화를 추진하는 세력은 모든 정보를 감춘 채 밀실에서 자신들의 입맛에 맞게 정책을 가공하고 있다. 시민사회의 의견을 수렴하기는커녕 국회마저 장애물로 생각하고 일방적으로 민영화를 밀어붙이고 있다. 착한 적자를 말하는 대통령이 임명한 장관이 철도 적자를 이유로 민영화 방안을 철도 발전 방안 로드맵으로 발표하고 추진하는 앞뒤가 안 맞는 일이 벌어지고 있다.

두 보수 정부의 연속성

국토부의 철도 산업 발전 방안이 2013년 6월 26일, 철도산업위원회의 형식적 심의를 거친 끝에 발표됐다. 국토부의 철도 산업 발전 방안의 핵심은 수서발 KTX의 운영사를 설립해 코레일과 경쟁하도록 함으로써 효율성을 높이겠다는 것이다. 국토부의 주장대로라면 경쟁을 통한 효율화로 한국 철도의 장밋빛 미래가 펼쳐질 전망이다. 그러나 화려한 도표로 치장된 국토부의 철도 산업 발전 방안은 한국 철도를 돌이킬 수 없는 수렁으로 밀어 넣는 출발점이 될 것이다.

　국토부가 발표한 철도 산업 발전 방안의 출발점과 모든 내용은 지난 이명박 정부에서 제출되었던 민영화안과 다를 바 없다. 한국 철도의 비효율과 방만 경영의 원인이 독점에서 비롯됐고, 이를 타개하기 위해서는 경쟁을 도입해야 하며, 경쟁을 도입할 바에는 비효율적인 공기업이 아니라 민간이 들어와야 한다는 게 지난 정부의 일관된 논리였다. 그러나 이명박 정부가 야심차게 밀어붙인 수서발 KTX 민영화안은 시민사회의 거센 반대에 부딪혀 잠시 주춤하게 된다. 불과 10년 전만하더라도 민영화를 통한 개혁이 힘을 얻었던 것에 비하면 격세지감을 느낄 정도였다. 작은 정부, 민영화, 무한 경쟁으로 대변되는 신자유주의가 1퍼센트에게는 전에 없는 부를 안겨주었지만 99퍼센트에게는 아무리 달려도 목적지에 도달할 수 없는 쳇바퀴 같은 현실을 깨닫게 해주었기 때문이다.

국토부는 기존의 정책 기조는 그대로 유지한 채 민영화에 대한 시민사회의 비판을 어떻게 피해 갈 것인지에 집중한 술수로 일관했다. 그동안 민관 합동 방식의 지분 구조를 철도 개혁 방안으로 내놓았다가 철회하고 막판에 연기금을 동원하는 안으로 정착되는 과정을 보면 정부 정책이 얼마나 주먹구구식으로 마련되는지 알 수 있다.

국토부의 철도 산업 발전 방안은 한국 철도의 현실에 대한 진단에서부터 잘못되었기 때문에 결국 실패할 수밖에 없다. 과연 한국 철도가 갖고 있는 적자의 문제가 철도공사의 무능과 직원들의 무사 안일 때문에 발생했는지 아니면 다른 원인은 없는지, 다른 나라들은 철도 적자의 문제를 어떻게 해결했는지에 대한 연구나 토론도 제대로 이루어진 적이 없다. 한국 철도의 적자와 비효율의 문제를 살펴보면, 단순히 무능한 독점기업인 코레일의 문제로 모든 것을 덮어 버리기에는 너무도 많은 문제가 존재함을 알 수 있다. 안타까운 사실은 한국 철도를 개혁해야 한다고 목청을 높이는 사람들이 그동안 한국 철도의 부실을 오히려 확대하고 재생산하는 데 일조한 주인공들이라는 것이다.

수서발 자회사 설립안은 하사투성이의 설계도를 포장지만 바꿔 재포장한 안에 불과하다. 공기업의 자회사로 출범하면서도 공기업 지정을 하지 않겠다는 국토부의 주장은 옹색하기까지 하다. 또한 모회사와 자회사가 특성과 기능에 맞게 역할을 나누어 갖는 게 아니라 주력 상품을 갖고 경쟁하는 체제를 만드는 것도 사상 초유의 일이다. 자회사의 성공이 모회사의 경영을 악화시키는 것이 과연 바람직한 일인가? 철도 산업의 측면에서도 한국 철도의 특성을 무시하는 발상이다. 세계 어느 나라에서도 자국의 간선철도망 가운데서도 대표 상품이라 할 수 있는 고속철도를 분리해 경쟁시키지 않는다. 독일의 프랑크푸르트발 이체ICE와 베를린발 이체가 다른 회사에 의해 운영되지 않는다. 이것은 프랑스나 스페인도 마찬가지다. 자국 철도의 얼굴인 고속철도는 그 나라의 대표적 공기업이 독점적으로 주 간선망을 책임지고 운영한다.

서울발 KTX와 수서발 KTX 경쟁의 실질적 효과가 없다는 것은 국토부 스스로도 인정하고 있다. 2013년 6월 19일 국회에서 신경민 의원 등 민주당 의원 5명이 주최한 철도 산업 관련 토론회에서 국토부의 철도국장은 서울발 KTX와 수서발 KTX의 경쟁 효과가 아니라 철도와 자동차 및 타 교통수단과의 경쟁에 더욱 초점을 맞추고 있다고 말했다.

철도 산업에서 경쟁이 발생하는 것은 원천적으로 불가능하고 또 경쟁이 제대로 구현되었던 적도 없다. 사실 철도의 역사를 거슬러 올라가면 철도가 경쟁을 통해 양산했던 비효율을 국가 독점 체제로 전환하면서 극복했던 역사가 존재한다. 근대화 초기 철도를 도입한 대부분의 나라들에서는 민간 자본이 철도를 부설하고 운영했다. 이러다 보니 상호 호환성의 문제에서부터 경쟁 구간에서의 수익성 하락 등 많은 문제가 발생했고, 이를 해결하기 위해 정부가 나서서 철도를 국가 소유로 전환하는 정책을 펼치게 된다. 이 국유화 정책이 자리 잡고 국가 독점적 체제가 들어서고 나서야 경쟁이 가져온 폐단들이 극복된다.

국토부는 코레일의 방만과 비효율을 주장하면서 수서발 KTX 요금을 10퍼센트 인하하겠다는 내용을 발표했다. 경쟁의 효과를 국민에게 보여 주기 위해서 수서발 KTX 요금 인하라는 카드를 제시한 것이다. 그러나 부산에서 서울의 남대문시장에 볼일을 보러 오는 사람이 요금이 10퍼센트 싸다는 이유로 수서발 KTX를 이용할까? 고속철도를 이용하는 이유는 시간을 절약하기 위해서인데 철도 요금 10퍼센트를 아끼려고 수서행 KTX를 타고 다시 한두 시간의 이동 시간을 들여 목적지에 가는 비상식적인 행위가 이루어질까? 게다가 수서발 KTX는 서울에서도 소득수준이 높은 강남과 분당의 주민들이 주로 이용하게 된다. 결과적으로 혜택은 부유층이 받게 되는 것인데, 이런 일을 정부가 유도하는 것이 상식적으로 납득이 되는 일인지 묻고 싶다. 현재의 고속철도 요금이 높고 이것이 시민의 부담을 가중시킨다고 판단한다면, 지금이라도 코레일이 고속철도 요금을 인하하도록 유도하는 것이 국토부의 일일 것이다. 서민의 이용 편의를 위해 고속철도 요금 인하를 요구했던 노조의 주장에 대해서는 수익자 부담 원칙을 내세우며 거부했던 국토부가 태도를 바꾼 이유는 무엇인가?

관료들은 독일식을 이야기하지만, 독일 정부가 1989년 철도 개혁을 추진하면서 가장 열심히 의견을 구했던 대상은 철도노조였다. 전문가·노조·정부·시민이 머리를 맞대고 4년간 지루한 논의와 협상을 거쳐 독일 철도의 개혁안에 대한 합의가 도출되었던 것이다. 그러나 한국은 어떤가? 친위 조직을 동원하고 여론을 호도하는 전략을 구상하고, 노조에 대한 노이즈 마케팅 전략을 마련하기 위해 용역을 발주하는 등 온갖 편법과 꼼수로 일관했다. 이해 당사자와의 논의는커녕 일방적인 안을 정해 놓고 학자들을 들러리 세우고 형식적인 토론회를 거친 뒤 산업위원회를 열어 이미 정해진 안을 확정해 버렸다. 그 어디에도 국민의 의견을 수렴하거나 정부안에 문제를 제기하는 사람들의 생각이 반영될 통로가 없었다.

철도 산업의 특징 중 하나는 비가역성이 큰 산업이라는 점이다. 한 번 변화하면 아무리 심각한 문제가 있어도 원래 자리로 돌아가기 힘들다는 뜻이다. 따라서 전문가들은 비가역성이 큰 산업의 경우 이해 당사자들의 동의를 전제로 성공의 확신이 있을 때 변화를 시도해야 한다고 말한다. 심각한 문제가 제기되고, 특히 변화를 추진하는 사람들의 진단과 인식에 문제가 있음이 지적될 때에는 일단 변화를 중지하고 현재의 상태에서 개선 가능성을 모색하는 게 바람직하다. 왜냐하면 무턱대고 수술에 들어갔다가 심각한 후유증이 발생하면 영국 철도나 용인 경전철처럼 파탄에 이르고도 손을 쓰지 못한 채 한탄만 하는 상황에 이르게 되기 때문이다.

국토부는 지난 20여 년간 민영화와 철도 경쟁 체제를 통한 효율화를 주장해 왔다. 일단 민영화를 우회하는 경쟁 체제 도입을 기정사실화하고 수서발 KTX의 설립을 통해서 자신들의 20년 꿈을 실현하려 하고 있다. 특히 박근혜 정부가 출범하자마자 기다렸다는 듯이 일사천리로 수서발 KTX 분리를 포함한 민영화안을 밀어붙였다. 국토부가 추진한 한국 철도의 대수술 방안을 박근혜 정부가 승인하고 인정하지 않고서는 불가능한 일이 추진된 것이다. 후보 시절 국민적 합의를 통해 철도 산업 발전 방안을 마련하겠다던 약속은 단순히 표를 얻기 위한 수사였던 것인가?

국토부의 정책이 관철되면 3단계 발전 전략에 따라 서울발 KTX와 수서발 KTX가 경쟁을 벌일 것이고, 지방 적자선은 민영화될 것이기에 모든 노선에 경쟁적 요소를 도입하게 될 것이다. 지하철 9호선과 용인 경전철, 만들어 놓고 운행도 못한 채 법정 소송에 휘말려 있는 인천의 월미은하레일 같은 사태가 전국의 철도망에서 벌어질 것이다. 이것이 바로 국토부의 철도 산업 발전 방안이 만들어 낼 한국 철도의 미래다.

프랑스 철도에서 배울 점

프랑스 철도공사 SNCF 창립 75주년을 맞는 2012년 10월 30일, 프랑스에서는 의미심장한 교통정책이 발표되었다. 교통부장관 프레데리크 퀴비에르Frédéric Cuvillier는 프랑스 철도가 철도의 시설과 운영을 분리하는 이른바 '상하 분리' 체제를 과감히 탈피해 상하 통합 체제로 전환한다고 선언했던 것이다. 이는 유럽연합의 철도 지침을 거스르는 조치이자 현재 유럽 철도의 일반적 시스템이 갖는 문제에 대한 정면 도전이었다. 나아가, 이런 선언은 그동안 한국 정부가 지속적으로 추진한 것과 같은 철도 민영화와 경쟁 체제 도입이 국가 경제에 도움이 되기는커녕 심각한 문제들만 양산한다는 결론을 바탕으로 제시된 대안이어서 우리에게 주는 시사점이 그 어느 때보다 크다.

유럽연합에서 '상하 분리' 체제가 도입된 시기는 국가 간 연합으로 불록화된 대규모 시장을 겨냥한 자본의 확장이 대세를 이루고 신자유주의 정책이 강력히 추진되던 1990년대 중반으로, 이 시기에 유럽 자본주의는 북중미나 아시아권 등과 대결하기 위한 대규모 경제권역을 필요로 했다. 이에 따라 유럽연합을 통해 유럽을 통일하는 안이 제시되었는데, 이 통일의 실제 내용은 손쉬운 자본의 이동과 투자 확대, 경쟁 체제 도입이었다. 이런 신자유주의 정책을 추진할 방편 가운데 대표적인 두 가지는 단일 통화권역과 교통망 공유였는데, 후자는 철도만이 할 수 있는 일이었다. 철도는 도로와 달리 시설과 운영이 통합된 체제로 운영되고 있었고, 각 국가별 특성이 존재하는데, 시설과 운영을 분리해 시설 부분을 표준화하면, 철도를 이용한 통합의 효과를 높일 수 있기 때문이었다. 게다가 불붙기 시작한 열차 속도 경쟁과 이에 따른 고속철도의 확산은 항공과의 경쟁에서도 상당한 자신감을 갖게 했고, 지구온난화와 고유가 현실은 철도를 미래 지향적 교통 대안으로 만들었다. 또한 경쟁 체제 도입을 통해 철도 산업에서 우위를 점하고 있던 나라들이 더욱 쉽게 국경을 넘어 사업 영역을 확장할 수 있는 토대를 만들 수 있다는 점도 중요했다.

그러나 철도는 상하 통합된 형태가 가장 이상적인 존재 방식이다. 이것이 철도가 도로나 항공 등 다른 교통수단과 근본적으로 다른 이유다. 일찍이 철도의 아버지로 불리는 조지 스티븐슨은 산업혁명 초기 영국 철도의 난맥상을 보면서 "철도는 선로와 기관차가 하나로 통합된 시스템"이며 이것을 모르는 사람들이 문제를 만들고 있다고 지적한 바 있다. 교통수단들 가운데 유일하게 레저나 스포츠 용도로 사용될 수 없는 게 바로 철도다. 철도는 오직 여객과 화물 수송의 역할만을 수행한다. 그리고 이를 위해서는 시설과 운영이 통합된 하나의 완결된 체제를 갖추어야 한다. 세계 최고 수준의 철도를 유지하고 있는 일본 철도도 상하 통합 체제다.

그러나 신자유주의적 경쟁 체제의 도입은 이런 철도의 특성을 파괴하는 것에서부터 시작되었다. 자유경쟁이란 미명 아래 철도 시장 개방을 위한 유럽 철도 상하 분리 지침이 유럽연합 훈령(91/440지침)으로 유럽연합 회원국에 제시되었고, 이에 따라 유럽 각국은 철도의 시설과 운영을 분리하는 정책을 실시하게 된다. 그러나 이 과정에서도 유럽 철도 시장의 양대 강국인 프랑스와 독일은 대대적인 상하 분리 정책을 실시한 게 아니라 소규모 시설공단을 설립한다든지 형식적인 그룹별 분리를 통해 사실상 통합 시스템을 유지하면서 유럽 철도 시장을 장악하기 위해 경쟁한다.

이처럼 철도의 상하 분리 정책은 신자유주의가 유일한 대안으로 여겨지던 시절 민영화와 경쟁을 통한 효율화를 절대시하면서 추진된 것이었고, 한국의 정책 당국 역시 이를 철도 개혁의 궁극적 목표로 설정하고 추진하고 있다. 실제로 이명박 정부가 출범할 당시 국토부가 대통령직 인수위원회에 제출한 보고서를 보면, 완전한 상하 분리를 통한 철도 구조 개혁안이 명시되어 있다. 철도의 여러 가지 존재 방식 중 하나인 상하 분리 체제를 궁극적으로 도달해야 할 목표로 삼았던 것이다. 수단과 목적이 바뀐 셈이다. 특히 보고서는 상하 분리가 파생시키는 안전 문제를 해소하기 위해 다수의 선진국에서 차용하고 있는 유지·보수 부분의 운영자 관할조차 문제 삼았다. 철도공사가 유지·보수를 담당하는 것이, 노조 등 기득권 세력의 반발로 상하 분리가 완전히 이루어지지 않은 절충된 형태를 의미한다며 유지·보수 기능까지 철도공사로부터 빼앗아 구조 개혁을 완수하겠다는 국토부의 모습은 철도 미래 전망의 부재를 단적으로 보여 준다.

많은 철도 전문가들은 상하 분리가 철도의 가장 중요한 가치인 안전을 위협할 수 있으며, 거래 비용 증가, 운영 기관과 시설 기관의 사업 전망 및 정책의 불일치로 인해 또 다른 혼란이 발생할 수 있다고 지적한다. 독일철도공사 도이체반의 하르트무트 메도른Hartmut Mehdorn 전 회장은 유럽의회에서 세계의 모든 성공적인 철도 회사는 수직적으로 통합되어 있다고 주장하며, 철도의 운영과 시설을 분리하는 정책을 강하게 비판했다. 현재 독일 철도가 유럽 철도 시장에서 강국의 지위를 차지하고 있는 것도 형식적으로만 상하를 분리한 채 사실상 통합적인 시스템을 유지함으로써 철도 운영의 통일성을 잃지 않았기 때문이다.

지난 2012년 6월, 파리에서 만난 프랑스 철도공사의 컨설팅 전략부장 프레데리크 바르드네Frédéric Bardenet 씨는 새로 출범한 올랑드 정부의 철도 정책이 10월 말이면 발표될 것이라고 말했다. 철도 정책을 둘러싼 논란의 핵심은 프랑스 철도의 발전을 위해서 현재의 상하 분리 체제를 유지할 것인가 아니면 독일식의 통합형 체제로 가느냐의 문제였다. 이런 논란이 촉발된 것은 상하 분리 정책이 기능의 중복과 불필요한 지출을 지속시켜 연간 약 10억~15억 유로(한화로 1조4,500~2조2천억 원)의 천문학적인 비용을 추가시켰음은 물론, 끊임없는 사고와 기능 장애를 드러내면서 도저히 지속할 수 없는 치명적 결함을 가지는 구조임이 명백해졌기 때문이었다. 그는 이 문제를 해결하기 위해 철도 전문가들이 머리를 맞대고 연구를 하고 있으니 좋은 결과가 나올 것이라고 예견했다. 바르드네 씨는 통합형 독일 철도가 갖는 강점을 토대로 기대를 보이기도 했지만, 정부의 결정이 어떻게 날지는 기다려 봐야 한다며 신중한 입장을 피력했다. 독일식 철도의 강점은, 일련의 개혁 과정에서 경쟁적 요소를 도입한 데 있는 것이 아니라 철도의 고유한 특성인 상하 통합 구조를 훼손하지 않은 데 있었다. 4개월 만에 다시 찾은 프랑스에서 철도 전문가들과 현지의 철도 노동자 대표들은 정부의 철도 개혁안 발표를 앞두고 상당히 고무되어 있었다. 신자유주의가 강제로 씌웠던 망토를 벗어 던지고 비로소 철도에 맞는 옷을 입을 수 있게 될지 모른다는 기대감이 충만했던 것이다. 그리고 이 기대는 현실이 되었다.

프랑스 교통부장관의 발표는 프랑스 철도의 발전을 위해 가장 강력한 대안을 제시한 것으로 평가된다. 독일식의 형식상 분리 체제가 아닌, 운영과 시설의 통합이라는, 독일 철도를 넘어서는 미래 전략을 내놓은 것이다. 프랑스 철도공사뿐만 아니라 프랑스노동총동맹과 철도노조 등 모든 철도 관련 기관들과 노동단체 등이 환영을 표시하며 정부 정책에 적극적인 지지를 표명했다.

프랑스와 독일은 고속철도 기술뿐만 아니라 알스톰과 지멘스라는 세계 최고 수준의 기술력을 보유한 차량 제작사를 갖고 있고, 이를 통해 유럽을 비롯한 세계 철도 시장에 진출하려 하고 있다. 이런 나라들이 유럽연합의 지침을 무시하면서까지 철도의 상하 통합 시스템을 강화하고 있는 것은 앞으로 철도가 가야 할 길이 어디인지를 명확히 보여 준다. 이런 새로운 흐름에도 불구하고 민영화와 경쟁 체제 도입을 위해 철도공사로부터 시설 자산 및 관제권 환수를 집행하고 상하 분리 체제를 더욱 공고히 하려는 국토부의 철도 정책은 앞서 실패한 나라들의 사례를 기어코 답습하겠다는 것과 다를 바 없다.

부록 1

파리의 뒷골목에서 바라본 서울

2012년 6월, 전격 추진된 철도공사의 노사 공동 유럽 철도 실사팀에 참여하게 되면서 파리 방문 일정이 정해지자마자 목수정 씨와의 인터뷰를 계획했다. 그동안 그녀는 언론 기고를 통해 사회의 공적 시스템의 중요성을 이야기해 왔고, 특히 공공 교통의 문제를 제기해 온 터라 한국과 프랑스의 교통 시스템을 비교해 볼 수 있는 좋은 기회라고 생각했다. 2012년 6월 13일, 그녀가 살고 있는 바스티유에서 그녀를 만났다. 그녀는 한국과 프랑스 두 사회를 모두 아우를 수 있는 특유의 경계인의 시선으로 두 사회가 철도를 비롯한 공적인 것들을 다루는 방식에 대한 값진 이야기들을 들려주었다.

―――――

박흥수 저는 공공성이 우리 시대 가장 중요한 화두이자 가치라고 생각합니다. 무한 경쟁 시대에 자본의 탐욕으로부터 사회의 공공성을 지키는 건 매우 중요한 문제라고 생각합니다. 특히 요즘은 이명박 대통령 임기 말에 전격적으로 밀어붙이고 있는 KTX 민영화 때문에 걱정이 큽니다. 이를 막기 위해 뜻을 같이하는 사람들과 함께 노력하고 있습니다. 목 선생님께서도 사회 공공성에 대한 이야기를 많이 해오셨는데요, 공공성에 대한 기본적인 이야기부터 시작해 볼까요?

목수정 한 사회의 공공성이 어느 정도인지를 보면 그 나라가 사람 살 만한 곳인지 아닌지 알 수 있습니다. 무엇보다도 대중교통은 공공성의 척도지요. 교육·의료·이동권 등 현대인의 삶을 지탱해 주는 핵심 요소들이 사회에서 어떻게 취급받고 있는지 보면 그 사회의 삶의 질과 가치관을 알 수 있습니다. 한국에서는 교육이든 의료든 교통이든 모두 경쟁의 논리를 적용하고 승자를 필요로 하죠. 그런데 이 분야에서 승자는 누군가요?

공공성은 결국 사회 구성원이 삶을 영위하게 하는 것이죠. 한국은 이미 출산 파업 상태로 아이를 낳기도 기르기도 무서운 사회가 되었어요. 그나마 임산부에 대한 지원도 법적으로 보장된 결혼 관계 안에서 이루어지죠. 한때 프랑스는 저출산국의 대명사였는데, 지금은 높은 출산율을 기록하고 있지요. 사회가 어떤 시스템을 갖느냐가 그 사회의 변화를 이끄는 원동력이라고 봅니다. 저는 여기 프랑스 국민이 아니지만 프랑스 국적 아이의 엄마에게 주는 정부 보조금을 받고 있어요. 제 아이 칼리를 낳을 때도 의료비를 정부가 책임졌고요. 프랑스에서는 아이를 셋 이상 낳으면 모든 게 할인되죠. 모든 입장료, 교통비, 그 밖의 많은 부분에서 50퍼센트를 할인해 줍니다. 게다가 당사자뿐만 아니라 그 가족 구성원 모두에게 할인 혜택이 주어지고요.

박흥수 지하철 9호선 사태 아시죠? 올 상반기 박원순 서울시장 체제에서 서울시 지하철 중 유일하게 사유화된 민영 회사인 지하철 9호선 측이 요금 인상을 공고했다가 서울 시민들의 큰 반발을 샀습니다. 서울시는 수용 불가 입장을 밝혔구요. 파리 지하철과 비교해 보면 어떤가요?

목수정 9호선의 요금 인상 주장은 여기서 보면 정말 말도 안 되는 일이예요. 파리 시내에서 특정 구간만 다른 민영 회사가 운영하고, 그 회사만 요금을 차별적으로 올려 받는다는 건 상상할 수 없죠. 민간이 운영하니까 요금을 올릴 수 있다는 거, 프랑스 사회의 시각에서 보면 이해할 수 없는 일입니다. 파리 지하철과 서울 지하철을 단순 비교할 순 없지만, 일단 파리와 서울의 가장 큰 차이점은 시내의 핵심 교통수단이 지하철이라는 겁니다. 파리 시내 어디를 가도 반경 5백 미터 안에 두서너 개의 지하철역이 있어요. 걸어서 5분 정도 가면 손쉽게 어디로든 이동할 수 있는 셈이지요. 그리고 버스는 관광객용이거나 보조 교통수단인데요, 그래서 버스도 쾌적하게 이용할 수 있어요. 이것은 파리 시민의 삶의 질을 균질되게 유지시키는 중요한 사회적 자산이죠. 그러나 서울은 지하철이 안 다니는 곳도 있지요. 버스도 상당히 많이 다니고.

박흥수 저희는 지하철이나 철도를 이용하기 힘든 지역을 궤도 교통 소외 지역이라고 부릅니다.

목수정 파리 시내에 뤽상부르 역이란 데가 있어요. 서울로 치면 압구정이나 청담동 같은 동네랄까? 굉장히 부촌이죠. 그런데 여기서 불과 20여 분 정도

파리 시내 어디를 가도
반경 5백 미터 안에 두서너 개의 지하철역이 있어요.
파리 시민의 삶의 질을 균질되게 유지시키는 중요한 사회적 자산이죠.

열차를 타고 나가는 교외 지역은 삶의 질이 확연히 떨어져요. 지난 1월, 공공 교통이 삶의 질에 미치는 영향에 대한 글을 기고한 적이 있는데, 철도역이 존재하고 이 혜택을 받고 안 받고의 차이가 주변 주민들의 삶에 상당한 영향을 미친다는 것이죠.

박흥수 서울에서도 한 기관이 궤도 교통 영향에 대한 버퍼 분석이란 것을 했는데 결과가 흥미로웠습니다. 가난하고 재정 자립도가 낮은 구일수록 지하철역 이용 편의성이 낮게 나왔습니다. 재정 자립도가 높고 부자 동네일수록 생활환경은 더 좋아지고 있고, 가난한 동네와의 격차가 더 가속화되고 있다는 느낌입니다. 중요한 것은 우리가 미처 모르고 있는 사이에 이런 일들이 벌어지고 있다는 것이죠.

목수정 파리에 처음 왔을 때 파리의 공공 교통 시스템을 보고서는 입을 다물지 못했습니다. 제가 파리에 온 지 10여 년이 되었는데요, 당시 5만 원 정도 하는 정기권으로 파리 시내와 시외를 제한 없이 움직일 수 있어서 교통 천국이 따로 없구나 생각했죠. 그런데 신자유주의 구조 조정의 광풍은 파리라고 가만 놔두지 않았죠. 최근 몇 년 사이 파리 지하철역에 표 파는 사람이 사라졌어요. 이용객들을 위한 안내 센터도 여러 곳에 있었는데, 폐쇄되거나 통합되어 서비스 질이 형편없이 떨어졌죠. 모두 우파 정부에서 이루어진 일입니다.

문제는 광역 철도망인 RER 노선들인데, 시설은 갈수록 낙후되고 수송량은 포화상태에 이른 지 오래라 파리 외곽 사람들의 삶의 질을 형편없이 떨어뜨리고 있습니다. 경제 위기가 심화되자 선로 시설물을 훔쳐 가 열차 운행이 중지되는 일이 벌어지기도 했고요. 특히 이들 노선은 잦은 고장과 프랑스 철도공사의 묵인 아래 이뤄지는 파업으로 운행 정지되는 일이 지속적으로 반복되어 이용객들의 원성을 사고 있지요. 지난 대통령 선거에서 후보들마다 내세운 공약 중 다섯 순위 안에 드는 게 파리 외곽의 철도교통망 대책이 될 정도가 됐어요.

박흥수 한국에서도 고물상에 팔려고 호남선에서 열차 신호용 구리선을 절단해 가는 바람에 고속열차 운행이 중단된 적이 있었는데요, 경제 위기가 일상화된 지구촌 어딜 가나 비슷한 일이 발생하는군요.
제가 4년 전에도 파리의 교통망을 조사하러 왔었는데, 그때만 해도 지하철역 곳곳에서 볼 수 있었던 역무원들을 이번에는 볼 수 없었습니다. 곳곳에서 관광객이나 기계에 서투른 노인분들이 승차권 발매기 앞에서 쩔쩔매거나 노선도 앞에서 가야 할 곳을 몰라 서성이는 모습을 보았습니다. 이런 공공 교통 서비스 문제에 대한 대안이나 대책 논의는 없었나요?

목수정 우파 정부의 교통정책에 제동을 걸고 새로운 변화를 이끄는 일이 작년 연말에 일어났어요. 전격적으로 추진된 건데, 녹색당의 제안을 사회당이 받아 입법화되었죠. 파리 지하철은 중심으로부터의 거리에 따라 1존에서 5존까지 권역으로 나뉘어 있어요. 과거 서울 지하철이 1구역, 2구역 나뉘듯이. 그런데 파리 시내의 집값은 중심부일수록 높고 결국 가난한 사람들이 시 변두리나 외곽에 거주하게 되거든요. 그런데 더 가난한 이들이 더 멀리 가야 하니까 교통 요금을 더 내게 되는 문제가 생기는 거예요. 1, 2존 이용자들이 한 달 정액권으로 9만 원 정도 내는데, 1~5존 이용자는 17

만 원 정도를 지불해야 하죠. 사회적 불평등을 더 심화시키는 요인이 되는 거죠. 게다가 5존에 사는 사람들은 높은 철도 이용 요금을 내느니 차라리 승용차를 이용하는 게 낫다는 생각에 도로 혼잡도도 높은 실정입니다.

녹색당은 승용차 이용률을 낮추고 환경오염을 줄이기 위해 1~5존의 요금제를 통합하는 안을 내놨습니다. 당장 올해부터는 주말에 적용되고요, 내년부턴 평일에도 전격 실시되는데, 이에 따른 비용 부담은 매년 5억 유로 정도이고, 이 돈은 기업인 및 부자들에게 세금으로 부과됩니다. 거꾸로 보면 그동안 5억 유로라는 엄청난 돈을 가난한 출퇴근자가 부담했다는 거죠.

박흥수 정말 부러운 현실입니다. 서울 지하철 9호선과 신분당선 같은 민자 사업 주체들은 어떻게든 공공 운영 기관보다 높은 요금을 징수하려고 혈안인데, 한국과 반대로 멀리서 출퇴근하는 사람들의 요금을 사회적으로 부담하는 제도를 도입한다는 게 믿겨지지 않습니다. 민자 사업을 정부나 지방자치단체 재정을 줄이는 만병통치약으로 여기고, 이 과정에서 발생하는 부담은 시민에게 전가하면서, 이익은 대기업이 챙겨 가는 악순환이 계속되고 있는 한국의 실정을 보면 가슴만 답답합니다.

목수정 그래도 독일에 비하면 프랑스가 갈 길은 멀어요. 독일은 학생들의 교통 요금은 무료이고, 그 밖에도 여러 가지 사회적 할인 제도가 있죠. 한 번은 뮌헨의 친구 집에 가족이 다같이 방문할 일이 있어서 고속열차 표를 끊어야 했는데, 친구가 뮌헨에서 표를 구입해서 우편으로 부쳐 줬어요. 왜냐하면 독일은 일곱 살 이하 아이에게는 열차 요금이 무료거든요. 비록 어린아이 요금이지만 프랑스에서 독일까지 철도 요금은 만만치 않은데, 파리에서 끊었으면 왕복으로 상당한 비용을 지불했겠죠.

박흥수 아무리 유럽연합이고 국경의 개념이 희박하더라도 독일에서 국적도 보지 않고 자국의 정책에 따라 다른 나라 아이들이 이용하는 교통 요금까지 받지 않는다는 것이 상당히 신기하네요. 저도 파리에 오기 전 프랑크푸르트와 베를린의 도시 교통 시스템을 봤는데, 독일의 공공 교통은 정말 모범적인 것 같았습니다. 특히 전 세계가 신자유주의 물결 속에 공공성을 후퇴시키고 있는데, 독일은 상대적으로 잘 버티고 있는 것 같았습니다.

목수정 프랑스도 철도가 잘 발달되어 있는 것은 맞아요. 그런데 한국에서 무조건 프랑스 철도를 베껴선 안 된다고 생각해요. 프랑스에서의 파리는 철도로 치면 포털이라고 할 수 있죠. 파리와 수도권을 중심으로 철도가 발전하고 유지되다 보니 지역 간 직통으로 가면 더 빠르고 편하게 갈 수 있는 노선도 일단 파리에 들렀다 원하는 지역으로 가는 게 시간상 더 절약되는 경우가 생겼습니다. 그리고 그 과정에서 기존 노선의 간이역들이 사라지고 있고요.

박흥수 간이역들이 사라지는 것은 한국이나 프랑스나 마찬가지군요. 효율성이라는 이름 아래 얼마나 더 많은 것들이 사라져야 하는지 안타까울 뿐입니다.

목수정 맞아요. 간이역 투어라도 하고 싶어요. 사라져 가는 역을 살리는 게 무엇보다 중요하다고 생각합니다. 시간이 흘러도 보존해야만 하는 것이 있거든요.

박흥수 맞습니다. 보존도 너무 중요한 문제죠. 저는 신촌역을 볼 때마다 화가 납니다. 신촌역을 민자 역사로 개축하면서 역사적 가치가 있는 신촌역을 보존해야 한다는 사회적 여론이 일었고, 개발을 맡은 측에서도 보존하기로 약속을 했습니다. 그러나 결국은 원래의 신촌역을 완전히 허물어 버리고 한쪽 구석에 기존의 신촌역과 전혀 다른 모형 건물을 장난감 미니어처처럼 만들었지요. 그러고는 책임을 다했다고 발뺌하는 파렴치한 인간들을 보면 정말 화가 납니다.

저는 신자유주의라는 거대한 태풍이 우리 사회를 훑고 지나간 잔해들을 유심히 보려 노력합니다. 특히 철도를 중심으로 공공 부문의 변화를 보는데요, 우리가 조금만 관심을 가지면 과거에 당연히 있었던 것들이 지금은 사라진 것을 눈치챌 수 있습니다. 신자유주의 시대 프랑스와 철도 이야기를 좀 더 해보죠. 어떤 변화가 있었나요?

목수정 프랑스 철도공사인 SNCF가 운영하는 파리광역망 A, B선은 악명이 높아요. 파리시 자체의 공공 교통 서비스는 정말 만족스러운데, 이게 딱 파리까지만이에요. 파리의 경계가 눈에 보이지 않는 장벽입니다. 이런 장벽을 깨는 게 1~5존 통합요금제 같은 것이죠. 부르고뉴라는 지방에 저희 시골집이 있는데, 집 바로 근처에 기차역이 하나 있어요. 그런데 더 이상 열차가 서지도, 아예 다니지도 않죠. 그래서 역에서 차로 30분 거리나 떨어진 곳에서 내려야 해요. 역이 죽으니까 지역도 생기를 잃었죠. 거길 가려면 파리에서 두 시간 정도 걸리는 열차를 타야 하는데, 주말이면 좌석이 모자라요. 그래도 요금은 입석이나 좌석 똑같이 받죠. "이게 국영열차 맞냐? 어떻게 두 시간 거리를 가는데, 좌석도 지정되어 있지 않고, 입석인데 요금도 같냐?" 물었더니, 자기네 같은 간선 라인은 철도공사의 하청이라네요. 부분적인 민영인거죠. 작은 역들을 폐쇄하고, 굵직한 라인만 운영하면서 고객 편의가 아니라, 이윤 극대화에만 골몰하는 거예요. 모든 게 TGV가 들어서고, 철도공사가 수많은 하청을 끌어들이면서 전면화됐죠.

박흥수 그런 부분은 한국과 비슷하군요. 한국도 고속열차 위주의 운행을 하다 보니 일반열차인 무궁화·새마을호는 평일·주말 가릴 것 없이 발 디딜 틈이 없고, 객차가 아닌 음식을 판매하는 카페 칸까지 입석 승객으로 가득 찹니다. 이미 더 이상 열차를 투입할 수 없을 정도로 선로 용량이 꽉 차있어서 당장 해결책도 안 보이는데, 수서에서 출발하는 고속열차 노선이 생기면 그나마 숨통이 트일 것으로 보입니다. 물론 이것도 이명박 정부 방침대로 수서발 KTX가 민영화가 된다면 영영 해결할 길이 없을 거구요. 민영화, 더 정확한 의미로 말하자면 사유화죠. 이 사유화에 대한 목 선생님의 생각은 어떻습니까?

목수정 결국 '사유화란 것은 누굴 위한 것인가?'가 우리가 가치판단을 내릴 때 가장 중요한 일인 것 같아요. 특히 사유화란 것은 기존에 공적 영역에 있던 것을 변화시킨다는 것이잖아요? 공공 영역이란 것은 사회적 영역이고, 사유화란 소수의 개인을 위한 것이죠. 다수를 배제함으로써 결국 사회는 공포가 지배하게 되죠. 우리 교육 현실처럼 1등만이 최고의 가치를 부여받는 현실이 다수를 패배자로 만들고 결국 죽음의 길로까지 인도하잖아요.

프랑스 텔레콤이라고 과거 국영기업이었던 회사가 사유화되었는데, 이후 프랑스 텔레콤 회사 직원들이 잇따라 자살하는 사태가 벌어졌죠. 경제정책이 인간을 살리는 정책이냐 죽이는 정책이냐를 되돌아보게 만들었어요. 이곳 사람들이 사유화된 프랑스 텔레콤에 대해 갖고 있는 불만은 보통이 아니에요. 고장 신고를 해도 수리조차 제대로 받지 못하고, 설치 요청을 해도 언제 될지 모르죠. 고객 상담실 같은 데 전화를 해도 소용이 없어요. 상담 전화를 받는 곳이 모로코에 있죠. 비용 절감을 위해 외주화를 하다 보니 프랑스 현지보다 훨씬 인건비가 절약되는 모로코에 상담실을 설치한 겁니다. 상담을 받는 사람들도 책임감이 없고요. 현실적인 도움도 못돼요. 모두가 불만이지만 주주들은 비용 절감분만큼 수익을 챙겨 가겠지요. 한국의 모든 분들이 열심히 싸워서 우리 철도를 지켜 냈으면 좋겠어요. 우리 철도가 프랑스 텔레콤처럼 되지 않게요.

박흥수 마지막으로, 최근 프랑스에서는 오랜 우파 정권을 종식시키고 좌파 정권이 탄생했는데요, 시민사회가 갖는 기대나 분위기가 어떤지 궁금합니다.

목수정 새 정부에 대한 기대는 정말 큽니다. 지금까지 지속된 신자유주의 정책에 대한 프랑스 시민사회의 피로도는 한계점을 넘었고, 지난 선거에서 결국 정권을 바꾸는 힘이 되었어요. 사회 곳곳에서 새로운 에너지가 넘쳐 나는 게 보여요. 그런데 분명한 점 한 가지는 새 대통령 올랑드에 대한 기대는 아니란 겁니다. 올랑드는 사회당 출신이지만 엘리트 정치인이고, 이미 미테랑 시절 좌파 정당의 배신을 경험한 프랑스 사람들은 올랑드가 집권하더라도 당장 크게 변할 것이란 기대는 하고 있지 않죠. 하지만 사르코지가 훼손한 것들을 새 정부와 시민사회가 조금씩 되돌려 놓을 수 있을 것으로 생각하고 있고, 이런 기대감으로 새로운 에너지가 생기고 있는 것 같습니다.

———

인터뷰는 어느덧 세 시간을 넘기고 있었다. 목수정 씨의 전화벨이 울리고 딸 칼리의 귀여운 목소리가 작게 흘러나왔다. 목수정 씨는 금세 목소리 톤을 다정스레 바꾸었다. "응, 엄마 이제 막 끝나고 있어. 조금만 기다려. 금방 갈게."

인터뷰를 마치고 함께 식당을 나섰다. 바깥 공기가 제법 쌀쌀했고 거리도 한적해져 있었다. 우리는 목수정 씨의 제안으로 혁명 광장인 바스티유 역까지 한 정거장을 걸어가기로 했다. 바스티유 광장이 가까워 오고 혁명 기념탑인 7월의 탑이 보이자 목수정 씨는 웃으며 말했다.

"저 혁명 기념탑 위의 동상이 뭔지 아세요?"

"아뇨."

"엔젤, 천사에요. 혁명을 수호하는."

"아, 그렇군요."

"근데 우리 칼리가 뭐라는 줄 아세요? 옛날에 서울 촛불 집회에 참여하고 파리에 왔을 때 저 동상 위의 천사를 보더니 촛불 소녀라는 거에요. 그래서 웃으면서 말해 줬죠. 그래, 네 말 들으니 정말 촛불 소녀 같다."

"그리고 보니 정말 촛불 소녀 같기도 하네요. 하하하."

목수정 씨는 바스티유 광장에 도착해 철학자들의 카페를 소개시켜 주고 아직도 광장 바닥에 남아 있는 바스티유 성의 담벼락 흔적들을 보여 주었다. 오랜 시간 열변을 토하고도 그녀는 에너지가 넘쳐 났다. 광장 기념탑을 배경으로 기념사진을 찍고 헤어진 뒤에도 목수정 씨의 목소리가 귀에 울리는 듯했다.

사회를 구성하고 유지하는 모든 성원들에게 사회가 기본적인 생존과 생활의 기초를 제공하는 것은 당연한 일이다. 우리가 이제껏 개인의 책임으로 돌렸던 많은 것들은 사실 사회가 책임져야 할 것들이었으며, 그 간극만큼 소수는 배를 불리고 다수는 고통을 감수해야 했다. 더 끔찍한 현실은 그나마 유지되던 공공성도 자본의 이익을 위해 심각하게 훼손되고 있다는 사실이다. 수서발 KTX 민영화나 인천공항 매각을 사활을 건 핵심 과제로 삼고 있는 권력과 관료 시스템은 얼마나 절망적인가? 프랑스의 공공 교통 시스템이 우리에게 주는 교훈은 명확하다. 사회가 소수를 위해 봉사하느냐 다수를 위해 봉사하느냐의 문제라는 것이다.

바스티유 광장 근처의 구멍가게에서 3유로를 주고 포도주 한 병을 사서 광장 한 켠의 벤치에 앉아 목을 축였다. 고등학생에서 대학 초년생 정도로 보이는 남녀 한 무리가 한밤중에 인라인 스케이트를 타고 질주하고 있었다. 그들은 순식간에 바스티유 광장을 가로질러 어둠이 깔린 대로 속으로 사라졌다. 한국의 고등학생이나 대학생들이 야간 자율 학습의 압박과 토익 점수에 목매지 않고 한가로이 거리를 질주하는 모습을 언제쯤 볼 수 있을까? 모든 사회 구성원이 낙오되지 않기 위해 바늘구멍을 비집고 아웅다웅 싸우는 현실을 바꾸는 건 꿈에서나 가능한 것인가?

3부

민영화
탐구생활

"현재 철도공사의 문화를 보면 시장 마인드가 약하다.
그저 열차를 문제없이 운행하는 것에만 만족한다."
___1993년 철도 민영화 당시 영국의 교통부 장관 존 맥그리거

"열차를 문제없이 운행하는 게 얼마나 중요한 일인지 알았다."
___민영화 이후 일어난 대형 열차 사고 현장에서 어느 영국 시민

당신의 지하철은 안녕하십니까?

서울이나 부산, 대구, 광주 같은 대도시에서의 이동 수단을 생각할 때, 지하철을 빼놓고서는 이야기할 수 없다. 빠르고 편리한 지하철은 시민과 떼려야 뗄 수 없는 교통수단으로 자리 잡았다. 1974년, 서울에 지하철이 처음 개통됐을 때 지하철 문 위에 붙어 있던 노선표는 아주 단순했다. 지하 청량리역과 서울역에서 연장된 국철 노선 한 줄이 구로역에서 경부선의 수원과 경인선의 인천으로 갈라진 게 전부였다. 그로부터 40여 년이 지난 지금 서울 지하철 노선도는 거미가 집을 지은 것처럼 복잡하게 이어져 또 다른 지하 세계를 만들어 냈다. 이렇게 확장되었지만 아직도 서울 지하철은 곳곳에서 수용 능력의 한계를 보이고 있어 새로운 대안을 모색해야 하는 게 현실이다.

지하철이 시민의 삶의 일부가 된 만큼 그 속에서는 많은 일들이 일어난다. 지하철은 저마다 감당해야 할 삶의 무게를 안은 승객들을 실어 나른다. 승무원과 역무원을 비롯한 지하철 노동자뿐만 아니라 역사에 들어선 상가와 편의점에서 일하는 사람들, 구걸하는 사람들, 선교하는 사람들, 단속을 피해 이동하며 물건을 파는 사람들, 소매치기, 성추행범과 이들을 쫓는 경찰들이 한데 어우러져 열차는 흔들린다.

지하철은 안전한가

2003년 2월 18일, 대구 지하철 1호선 중앙로역에 1080호 열차가 승강장에 섰다. 탑승한 승객들은 좀처럼 출발하지 않는 열차 안에서 자리를 지키고 있었다. 시간이 조금 지나고 희뿌연 연기가 스며드는 상황에서도 승객들은 자리를 벗어나지 못했다. 무슨 일이 일어나고 있는지 아무도 알 수 없었고 제대로 알려주는 사람도 없었다. 한 남자가 불붙은 시너 통을 객차 안으로 던져 넣어 맞은편 열차에서 불꽃이 튀고 있는 줄은 꿈에도 알 수 없는 상황이었다.

대구 지하철은 자동 운전 방식에 따른 인력 효율화를 명분으로 열차의 맨 앞 운전실에만 기관사가 승무하는 1인 승무 체제여서 열차 뒷부분에서 벌어진 상황에 대한 판단이 불가능했다. 화재가 나자 수백 명에서 수천 명에 달하는 승객이 탑승한 열차에 대한 상황 판단과 구호 조치를 한 사람이 책임진다는 것이 얼마나 위험천만한 일인지 드러났다. 기관사 한 사람이 현장 상황을 파악하고 관제실과의 무선 교신, 승객들에 대한 적절한 안내를 도맡아야 하는 현실에서 피해를 줄이는 것은 불가능했다. 당시의 무선 교신 내용을 보면 관제실은 현장 상황을 제대로 파악하지 못했고, 기관사는 상황이 점차 악화되는 가운데 속수무책이었다. 마지막 순간에는 전동차를 화재 현장에서 이탈시키려고 움직여 보았으나 이마저도 불가능했다. 이미 화재가 진행되고 있는 상황을 간파한 승객 중 한 명이 닫힌 문을 수동으로 열고 다른 승객들을 대피시켰기 때문이다. 열차의 안전 회로 구성상 수동 개폐 장치에 의해 문이 열린 상태에서는 다른 조치를 취하지 않으면 열차가 움직이지 않는다. 열차 뒤에서 벌어진 이런 상황을 모른 채 기관사는 몇 번을 움직이려고 시도하다가 여의치 않자 이동을 포기한다.

대구 지하철 화재 이후 지하철 곳곳에 수동으로 문을 여는 방법에 대한 상세한 안내판이 생겨났지만 당시만 해도 수동으로 문을 여는 것은 열차에 대한 지식이 있어야만 가능했다. 이때 수동으로 문을 연 승객은 마침 비번이었던 철도 직원이었다. 이렇게 비상 탈출한 승객들은 가까스로 살아남을 수 있었다.

대구 지하철 참사는 불이 붙은 열차보다 맞은편으로 진입한 열차에서 더 많은 희생자가 나왔다. 관제실이 상황을 조금만 더 일찍 파악했더라면 맞은편 열차의 진입을 막을 수 있었을 것이다. 또 서울메트로나 코레일의 지하철처럼 열차 뒤에 차장이 탑승하는 2인 승무 체제였다면 더 많은 생명을 구했을 것이다. 이 끔찍한 사고로부터 10년이 지난 지금, 과연 지하철은 안전한가?

안전의 핵심은 노동문제

세계 여러 나라의 열차 사고 비상 대처 매뉴얼에는 사고나 중대 결함이 발생하면 열차를 바로 정차시키고 승객들을 안전하게 대피시키도록 되어 있다. 기차나 항공기는 페일 세이프fail safe 개념을 적용하는데, 이는 문제fail가 생겼을 때에도 안전safe을 확보해야 한다는 뜻이다. 항공기는 문제가 생길 경우에도 비상착륙할 때까지 최소한의 기능을 유지시키는 게 원칙이고, 기차는 이와 반대로 즉시 운행을 정지시키는 페일 스탑fail stop을 기본으로 한다. 그러나 예외적으로 승객이 대피할 수 없는 공간이나 대피한다 해도 더 큰 피해를 볼 수 있는 터널이나 다리 위에서 사고가 났을 경우에는 안전한 곳까지 운행해도 된다. 일본에서는 1972년, 호쿠리쿠 터널에서 열차 화재 사고로 30명이 죽고 714명이 부상당한 이후 터널이나 다리 위에서 화재가 발생할 경우 열차를 운전해 이동시킨 후 승객들을 대피시키도록 규정을 바꾸었다. 바꿔 말하면 터널이나 다리 위에서의 화재는 그만큼 위험하다는 것인데, 따라서 지하철이나 고가형 경전철, 모노레일 등은 상시적 위험 구간 위에서 운행되는 것이나 다름없고, 그만큼 더 각별한 사고 대책이 요구된다.

안전을 확보하려는 노력은 철도가 운행을 시작한 이래 꾸준히 진행되어 왔으며, 여기에 크게 기여한 것은 과학기술의 발전이었다. 차량의 성능이 개선되면서 안전도가 향상되었고, 신호 시스템의 발달로 이제는 무인운전 차량까지 볼 수 있다. 이와 더불어 인간의 영역이 점차 줄어들고 있는 것도 사실이다. 하지만 기본적으로 철도 선진국의 안전 원칙은 사람과 시스템의 조화다. 열차에는 기관사가 졸거나 신체적 이상으로 열차를 운전할 수 없는 상황이 되면 열차를 비상 정차시키는 운전자 경계 장치라는 시스템이 있다. 인간의 실수나 오류를 시스템이 제어하는 것이다. 반대로 시스템의 오류는 인간에 의해서 교정된다. 이처럼 교차 확인식 안전 확보 시스템은 열차 안전에 가장 중요한 요소이다. 그러나 최근 우리는 시스템이 완벽하다는 이유로 사람을 배제하는 방향으로 나가고 있다. 철도 운영 기관들이 앞다퉈 도입했던 1인 승무제나 무인화된 역사가 바로 이런 이유에서 도입된 것들인데, 첨단 자동화 시스템으로 대체되었다는 게 이를 도입한 이들의 주장이다.

지난 2009년, 경기도 연천에서 임진강 물이 갑자기 불어나 강가에서 야영을 하던 시민 6명이 실종됐고, 얼마 뒤 싸늘한 주검으로 발견됐다. 통일부는 북한의 수공 의혹을 제시하기도 했다. 그러나 계속된 비로 북한의 황강댐이 만수위에 이르러 물을 방류한 정황이 담긴 위성사진이 나오면서 북한의 고의적 공격 의혹은 사그라졌다. 사고는 수위 자동 경보장치가 작동하지 않았기 때문이고, 이는 고장 난 채 방치되었던 경보 장치를 대신할 수 있는 사람이 없었기 때문이다. 문제는 이런 어처구니없는 참사가 앞으로도 얼마든지 일어날 수 있는 일이라는 데 있다.

원래 임진강 수위는 지차체인 연천군이 관리했는데, 관리 책임이 공기업으로 이전됐다. 하지만 공기업은 국가로부터 이양된 관리 의무를 제대로 수행하지 못했다. 공기업에서는 대체 무슨 일이 있었던 것일까? 이명박 정부가 출범하자 공기업 선진화라는 이름 아래 공기업의 최대 과제는 비용을 줄여 적자를 면하는 것이 되었다. 우선은 쓸데없는 비용을 줄인다면서 가장 먼저 도입한 조치는 자동화였다. 이에 따라 수자원공사에서는 첨단 기법 운운하며 거액을 들여 자동 수위 경보 시스템을 도입했다. 문제는 이 자동 경보 시스템에 문제가 발생했을 때, 이를 대신하고 위험 경보를 보낼 방법이 없다는 점이다. 물론, 수자원공사의 입장이 이해가 안 되는 것도 아니다. 막대한 돈을 들여 자동 수위 경보 시스템을 갖추었는데도, 사람을 두고 감시를 시켰다면, 그것도 고작 수위를 감시하는 일에 적지 않은 연봉의 정규직을 고용했다면, 예산을 낭비했다며 심한 질책을 당했을 것이기 때문이다.

그러나 인간의 생명을 우선시하는 선진국의 여러 나라는 특히 위험한 분야의 경우 인적 감시 시스템을 중요하게 본다. 평상시에는 아무 문제가 없더라도 문제가 발생했을 때 이중, 삼중으로 그 문제를 해결할 수 있는 시스템이 완비되지 못하면 엄청난 재앙이 된다는 것을 잘 알고 있기 때문이다. 인간의 한계에 따른 실수에 대비한 자동화기기 장치와 기기 장치의 오류 때문에 발생할 수 있는 사고를 인간의 대응으로 막아 내는 이중 안전 시스템은 사회가 고도화·정밀화될수록 더욱 중요한 것이다. 특히 안전 전문가들은 시스템과 사람 가운데 안전을 확보하는 최후의 수단은 사람이어야 한다고 강조한다. 공기업 선진화가 묻지도 따지지도 않는 비용 절감과 수익 극대화를 목표로 삼는 상황에서는, 공기업의 영업 수익이나 가치가 올라갈수록 시민은 사지에 내몰릴 수밖에 없을 것이다.

철도 운영 기관들은 역을 무인화해 예산을 절약한다고 하지만, 이용 시민들은 여러 가지 위험에 고스란히 노출되어 있다. 기존의 2인 승무로 운행되는 곳에서도 전동차 차장을 없애고 모든 운행 책임을 기관사에게 지우려는 시도가 꾸준히 진행되고 있다. 만약 전동차에서 사고가 난다면 시민들이 알아서 생존해야 한다. 안전을 책임지는 사람이 사라진 공간에서는 참혹한 서바이벌 게임만이 남는다.

필자는 왕십리역을 자주 이용한다. 왕십리역은 서울 도시철도공사가 운

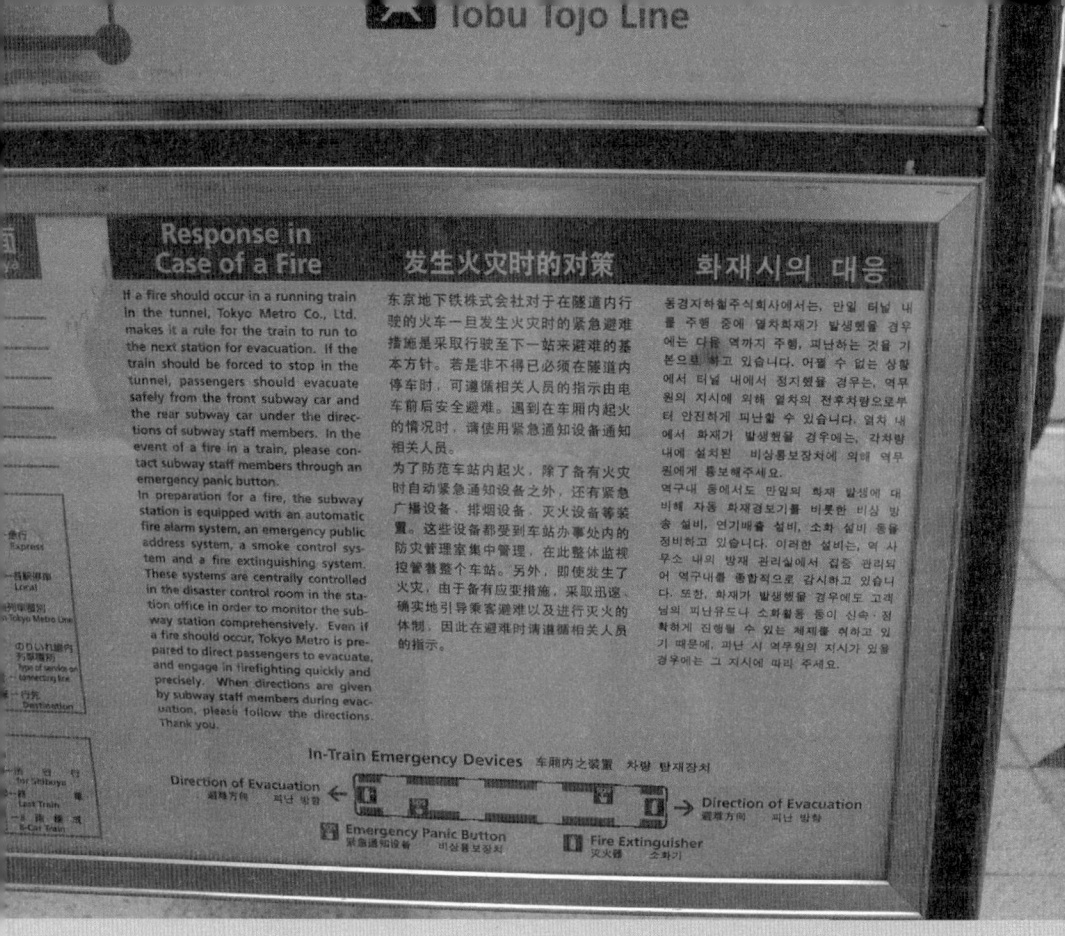

대구 지하철 참사 이후 일본 지하철역 승강장에는 위와 같은 안내문이 생겨났다.

영하는 지하철 5호선과 서울메트로가 담당하는 2호선, 철도공사가 책임을 맡은 경원선이 교차하고 최근 분당선이 연장 개통되어 이용객이 갈수록 증가하고 있다. 가장 심도가 깊은 지하를 운행하는 5호선에서 지상의 승강장으로 환승하려면 상당한 거리를 이동해야 한다. 그러나 이 왕십리역에서 환

도쿄 메트로 이케부쿠로 역 승강장

일본의 경우, 대부분의 역 승강장에는
시민들을 안내하고 위험을 예방하기 위해 역무원들이 서있다.
특히 인파가 몰리는 출퇴근 시간에는 더 많은 직원들이 배치된다.

그러나 한국의 경우 단 한 명의 직원도 만날 수 없다.

승할 때 지하철이나 철도공사의 정규직 직원은 볼 수가 없다. 지하철 승강장은 열차 편성에 따라 승강장 길이가 125~165미터에 이르고 상당수 역은 훨씬 더 긴 2백여 미터에 이르는 곳도 있다. 만약 이런 공간에서 화재가 발생한다면 끔찍한 참사가 일어나는 것은 당연하다.

2012년, 한 방송국 기자의 지하철 안전 문제 취재 협조를 위해 이 왕십리역 5호선 승강장을 안내한 적이 있다. 나는 승강장 끝에 서서 이렇게 물었다. "만약 이 자리에서 화재 대피를 해야 하고 연기가 자욱한 상황에서 정전이 되었다면 살아날 자신이 있겠는가?" 조명이 확보된 곳과 암흑 속에서 인간의 대처 능력은 엄청난 차이가 있다. 게다가 지하철 이용 시민들은 역의 모든 공간을 익숙하게 인지하고 있는 사람들도 아니다. 만일의 사태에 대비한 방독면이나 공기 호흡 장치도 승강장 한두 곳에만 설치되어 있는데, 당황한 수많은 인파가 어둠 속에서 연기를 뚫고 이런 구조 용품을 손쉽게 찾을 수 있는지도 의심스럽다. 특히 전원이 없는 상태에서도 신속하게 대피를 유도할 수 있는 야광띠 안내 표지 같은 것은 보이지 않는다.

일본의 경우, 대부분의 역 승강장에는 시민들을 안내하고 위험을 예방하기 위해 역무원들이 서있다. 특히 인파가 몰리는 출퇴근 시간에는 더 많은 직원들이 배치된다. 열차의 맨 뒤에 승차한 차장들은 홈에 내려 승객들의 승하차 과정을 지켜본다. 예컨대 왕십리역과 같은 규모의 역에서 지상 승강장에서 5호선으로 환승한다면, 일본의 경우, 지상 승강장과 환승 통로, 5호선 승강장에서 지하철 직원을 마주칠 수 있을 것이며, 안전 요원들이 2인 1조로 순회하는 모습도 볼 수 있을 것이다. 그러나 한국의 경우 정말로 단 한 명의 직원도 만날 수 없다. 만일의 사태를 생각할 때 정말로 두려울 수밖에 없는 상황이다. 비상시 훈련된 직원이 능숙하게 안내하는 지하철역과, 관계자가 아무도 없는 역의 차이는 천국과 지옥의 차이일 것이다.

타이타닉에서 후쿠시마 원전까지

2013년 1월 대구방송국의 한 프로그램에서 모노레일 방식으로 건설 중인 대구 도시철도 3호선을 다뤘는데, 시 관계자는 무인운전에 따른 경비 절감 효과가 상당할 것으로 전망했다. 특히 대구 모노레일은 공중에 떠다니는데, 다른 모노레일과 달리 비상시 승객의 대피 공간이 없다. 쾌적한 조망을 위해 상판 위에 레일을 까는 대신 상판 없이 레일만으로 운행한다는 것이다. 건설 본부 관계자는 화재가 발생할 경우 바로 감지해 자동으로 화재를 진압해 주는 첨단 시스템이라 문제가 없다는 입장이다.

그런데 안전을 책임지는 사람은 이 첨단 화재 진압 장치가 만일 작동하지 않게 되었을 때 어떻게 할 것인가를 문제의 출발점으로 삼아야 한다. 얼마 전 용인의 한 아파트 주차장에서 한 청년이 실수로 불을 내 주차돼 있던 차량 80여 대가 타버리는 사고가 일어났다. 이 아파트 주차장에는 스프링클러 시스템이 있어 화재 감지 시 자동으로 소화되어야 하는데, 하필이면 발화 지점 밑으로 스프링클러 시스템을 작동시키는 전기 배선이 지나갔고, 이것이 타버리는 바람에 스프링클러가 먹통이 되어 피해가 커졌던 것이다.

의정부 경전철이나 대구 모노레일이나 모두 최첨단 자동화 시스템을 자랑한다. 그런데 우리가 정말 조심해야 할 지점은 바로 이 첨단 기술 맹신주의다. 사회적으로 첨단이란 말을 바람직한 것으로만 여기는 경향이 있다.

물론 새로운 신기술이 도입되는 것이 나쁜 일은 아니다. 그런데 이 첨단 기술이 사람의 생명을 좌우할 수 있는 공공의 영역에 도입되는 것이라면 문제가 달라질 수 있다. 첨단尖端이란 무엇인가? 말 그대로 가장 끝에 와있다는 것인데, 사실 검증되지 않았다는 뜻이기도 하다. 공공 교통수단에 도입되는 기술은 충분한 안정성이 보장되고 입증된 것들이 필요하다. 첨단 기술에 대한 맹목적인 추종에서 벗어나야 하는데 그렇지 않을 경우 신기술을 체험하는 얼리 어답터가 아니라 신기술의 실험 대상이 되는 마루타가 될 수도 있다는 사실을 알아야 한다. 타이타닉 호에서 후쿠시마 원전까지 근대 이후 발생한 끔찍한 사고들의 이면에는 첨단 기술에 대한 무한한 신뢰가 숨어 있었다.

사회적 양극화와 지하철 안전의 상관관계

지하철과 같은 공공 교통 시설에서 위험 요소는 무엇일까? 가장 먼저 떠올릴 수 있는 것들로는 기술적 결함이나 안전 불감증 등이 있을 것이다. 물론, 그동안의 기술 발달로 말미암아 열차 운영체제에 필요한 여러 가지 안전 요소를 확보해 온 결과, 웬만해서는 중대한 사고로까지 발전되지 않는다고는 하지만, 이에 대한 세심한 주의와 관리는 늘 중요하다. 그러나 최근 이와는 별도로 새롭게 나타나고 있는 위험 요소가 있다. 대구 지하철 참사에서 알 수 있듯이 사회로부터 고립된 사람들의 극단적 행위는 예측도 불가능하고 대처도 쉽지 않다. 초등학생 때부터 숨 막히는 입시 전쟁에 내몰린 청소

년들, 일자리를 찾지 못해 절망한 청년들, 50대까지 회사에 다니면 도둑놈 소리를 듣는 직장인들, 골목 상권까지 장악한 재벌에 밀려난 자영업자들, 그리고 사회보장의 언저리에서조차 밀려난 노인들. 1대 99의 사회로 불리는 한국 사회 전체가 갈수록 불특정 다수에 대한 원한을 증폭시키는 용광로가 되고 있다. 2012년에도 전철 승강장에서 묻지마 칼부림 사건이 나기도 했다. 승자가 되길 재촉하고 경쟁을 최고의 가치로 여기는 한국 사회의 구조와 문화를 바꾸지 않으면 공공 교통수단에서의 위험은 갈수록 증가할 것이다.

모든 것을 비용 절감이라는 무조건적인 잣대로 재단하는 사회시스템은 이 같은 위험을 더욱 심각하게 만든다. 대표적인 것이 지하철 승무 체계로 기관사 혼자 책임지는 1인 승무 시스템을 고집하는 것인데, 이것은 여러 가지로 심각한 위험을 내포하고 있다. 대구 지하철 참사 같은 사고가 벌어질 경우에 제대로 대응이 불가능한 것은 물론이고, 일상적으로도 기관사에게 과도한 정신적·육체적 부담을 주어 안전 운행에 커다란 장애가 된다.

지하철 기관사는 보통 흐린 조명이 점점이 붙어 있는 어둠 속 터널을 전조등에만 의지한 채 달린다. 지하 터널을 받치는 무수한 기둥들을 지나다 갑자기 밝은 빛이 보이면서 승강장이 나타나는 근무 환경은 인간의 정신을 혼미하게 만들기 충분하다. 게다가 심도가 깊은 지하에서 오염된 공기와 열차 운행 과정에서 필연적으로 발생하는 터널 내의 분진, 고압 전선에 따른 전자파의 영향은 기관사의 피로도를 증가시킨다. 여기에 혼자서 수천 명에 이르는 승객을 책임져야 하는 부담에 사고를 경험하기라도 하면 그 정신적 충격에서 쉽게 벗어날 수 없는 것이 현실이다. 최근 공황장애나 심신 이상에 따라 기관사들이 자살하는 일이 잇따르고 있는 것은 지하철 기관사들의 근무 환경이나 승무 체계를 지금처럼 유지시켜서는 안 된다는 경고이다. 특히 공황장애의 경우 심각한 문제를 야기할 수 있다.

2012년 공황장애를 앓던 도시철도공사의 기관사가 선로에 뛰어들어 자살하는 사건이 발생했다. 이 사건을 두고 다른 기관사들은 자살한 기관사를 비난했다. 선로에 뛰어든 사람을 피할 수 없는 운명인 기관사들이 사고로 얻는 정신적 트라우마가 얼마나 큰지 잘 아는 기관사가 어떻게 그럴 수 있냐는 것이었다. 그러나 정신의학 전문가들은 공황장애 증상이 심각한 경우 이성적 판단을 할 수 없고, 오직 숨 막히는 현실에서 살아남기 위해 도피해야 한다는 강박이 극에 달해 극단적 행위가 일어난다고 말한다. 자살한 기관사는 자신을 압박하는 지하 공간과 탈출이 불가능할 것 같은 한 평 남짓한 운전실에서 살아남기 위해 선로 위로 뛰어든 것이었다. 노동자의 육체적·정신적 건강이 확보되지 않는 공공 교통수단은 움직이는 시한폭탄이다. 내가 탄 지하철을 모는 기관사가 순간적으로 이성을 잃고 과속으로, 앞서 진행하고 있는 열차와의 간격을 좁히는 일이 발생한다면 얼마나 끔찍한 일인가?

마지막으로 가장 중요하게는, 공공 교통수단을 돈벌이 수단으로만 보거나 이윤을 극대화해야 하는 대상으로 간주하는 정부 당국이나 운영 기업의 인식이 변해야 한다. 그동안 모든 지방자치단체의 지하철 운영 기관은 비용 절감을 최대 목표로 삼았고, 이 지상 목표 아래 다른 가치들은 고려 대상이 아니었다. 그리고 이런 체제가 오랫동안 유지되다 보니 자연스럽고 정상적인 체제인 양 자리 잡았는데, 그만큼 우리 사회가 치러야 할 대가는 커지고 있다.

대구 지하철 참사가 일어난 지 10년이 지났지만 우리가 어떤 교훈을 얻었는지 잘 보이지 않는다. 가장 안전해야 할 공공 교통을 이용하다가 목적지에 도착하지 못하고 영문도 모르고 죽어 간 사람들과 그 가족들의 고통만 헤아려도 지금의 도시철도 체제를 그대로 놔둬서는 안 된다. 생명이 이윤에 종속되는 사회만큼 불행한 사회가 또 어디 있겠는가? 언제나 생명이 먼저다.

열차 사고,
어떻게 볼 것인가

2013년 8월 31일, 대구역에서 열차 사고가 발생했다. 오전 7시 15분경 대구역에서 출발한 무궁화호 열차가 바로 옆 선로를 지나는 KTX 고속열차와 접촉해 무궁화호 기관차와 KTX 객차 9량이 탈선했다. 또 이 사고 현장에 접근하던 부산행 하행선 KTX가 사고 열차와 부딪히는 2차 사고가 발생했다. 4명의 승객이 사고 열차에서 벗어나는 과정에서 경미한 부상을 입은 것 말고는 인명 사고가 없었던 것은 천만다행이다.

    표면적으로 드러난 사고 발생의 원인은 여객전무가 승객 탑승 완료 후 출발신호를 확인했어야 하는데 옆 신호기의 진행 신호를 오인한 채 출발을 지시한 데 있었다. 기관사도 신호기의 상태를 확인했는데 역시 옆의 신호기를 자신의 신호기로 착각했다. 일반적으로 여객전무가 신호 확인 실수로 잘못된 출발 요구를 하더라도 운전취급규정에 따라 기관사는 출발 전 반드시 신호 상태를 확인해야 한다. 특히 기관사들은 규정이 아니더라도 출발 신호에 대한 확인을 반복하는 게 몸에 배이도록 훈련받는다. 이번 사고 기관사도 출발신호 확인 절차를 거쳤다. 문제는 여객전무와 기관사 모두 잘못된 신호를 자신의 신호로 오인했다는 점이고, 이것이 사고의 직접적인 원인이 되었다.

사고가 나자 경부선 운행이 전면 중단되었고, 뉴스 속보를 통해 사고 현장이 전국에 중계되었다. 사고가 발생하면 으레 등장하는 "인재", "안전 불감증"이란 말이 언론의 헤드라인을 장식했다. 감독 기관인 국토교통부(이하 '국토부')가 특별 안전 점검과 근무 기강 확립을 위한 긴급 점검팀을 투입하기로 했다는 보도도 이어졌다. 반복되는 사고에 반복되는 대응이다. 급기야는 사고 관련자인 기관사와 여객전무, 역 관제실 담당자가 과실치상 혐의로 구속되는 일이 벌어졌다. 새누리당과 국토부는 당정 협의를 갖고 철도 근무자의 과실로 사고가 발생할 경우 구상권을 청구하는 등 문책을 크게 강화하기로 결정했다. 이는 사실상 집권당과 정부가 사고에 대해 아무 것도 하지 않겠다는 뜻을 밝힌 셈이다.

책임 추궁과 원인 규명, 무엇이 우선일까

세계에서 가장 안전한 철도 시스템을 가진 나라 가운데 하나인 일본도 크고 작은 사고가 끊이지 않았다. 일본 철도 회사들은 지속되는 사고를 줄이기 위해 전문가와 노사가 공동으로 안전 확보를 위한 노력을 기울였는데, 안전 문화가 개선될 수 있었던 데는 "책임 추궁에서 원인 규명으로"라는 철도 안전을 바라보는 시각의 전환이 중요했다.

지난 8월 27일부터 29일까지 3일간 한국 철도의 미래를 진단하는 국제 심포지엄이 열렸는데, 여기에는 노르웨이 철도의 전 노조 위원장이자 국영 철도위원회 위원인 외위스테인 아슬락센Øystein Aslaksen 씨도 참여했다. 아슬락센은 한국 철도노조 기관사들과 철도 안전과 관련해 가진 간담회 자리에서 노르웨이가 1990년대 계속되는 열차 사고를 경험하면서 사고를 바라보는 시각을 어떻게 전환시켰는지 전해 주었다. 노르웨이에서는 열차 사고에 대해 개인의 책임을 묻지 않는 것을 전제로 사고 예방 대책을 마련했는데, 이는 철도라는 교통수단에서 안전을 확보하기 위해 필요한 것이 무엇인가를 사회적으로 환기시키는 중요한 전환점이 되었다. 그리고 개인의 판단 실수나 오인이 사고로 연결되지 않도록 철도 시스템을 전면적으로 개편하는 작업이 이루어졌다. 노르웨이 철도가 높은 안전성을 보장하게 된 것은 바로 이와 같은 인식 전환에서 시작된 일이었다.

한국에서처럼 근무자의 기강 해이를 질타하고 엄벌주의로 가게 되면, 사고 요인은 언제나 잠복된 채 근본적 예방 대책 마련은 요원해진다. 더 큰 문제는 엄벌주의로 가는 순간 사고 관련자들은 자신들의 책임을 모면하는 데만 급급해 사고와 관련된 실체적 진실을 은폐하거나 왜곡하는 일까지 벌어질 수 있다는 것이다. 과거 프랑스에서도 사고 조사 과정에서 책임 회피에만 급급해 하자 삼진아웃제를 도입해 관련자들이 사고 과정에 대해 사실대로 밝힐 경우 세 번까지는 면책을 해주었다고 한다. 철도 사고를 예방하기 위해서는 관련자 처벌이 목적이 아니라 사고의 정확한 원인을 찾는 게 무엇보다 중요하다.

철도 안전, 시스템의 문제

이번 대구역 사고와 유사한 사고가 2008년에도 같은 대구역에서 발생한 적이 있다. 화물열차와 무궁화호 열차가 접촉 사고를 낸 것인데, 역시 원인은 신호 오인이었다. 이 사고에 대해 국토부의 항공철도사고 조사위원회가 작성한 사고 보고서는 신호나 선로에는 이상이 없었는데, 기관사의 오인으로 사고가 발생했다고 결론 내렸다. 이에 따라 기관사에 대한 정신교육 강화와 근무 기강 확립 같은 것들이 대책으로 제시되었다. 과연 이런 정부 대책은 철도 사고를 막을 수 있을까?

 나는 주로 경부선을 운행하는데, 한 번 운행에 나설 때마다 수백 개의 신호기를 확인해야 한다. 또 운행 노선 중에 있는 역들의 각기 다른 선로 진입 속도도 인지하고 있어야 하며, 운전 중 관제실이나 역, 여객전무와 무선 통화를 통해 수시로 운전 정보를 교환한다. 운전을 시작하면 마치는 순간까지 긴장을 놓지 말아야 한다. 보통 한 번 운전석에 앉으면 세 시간 이상 계기판과 선로 상황을 확인하며 운전 조작을 해야 하는데, 1백 번을 제대로 하더라도 한 번의 실수로 사고가 발생할 수 있다. 이런 조건에 있는 기관사들이 단명하지 않고 정상적인 생활을 할 수 있는 이유는, 만의 하나 기관사가 실수를 하더라도 이를 바로잡아 줄 여러 가지 보완시스템이 존재하기 때문이다.

속도를 초과할 경우 경고를 보내 주거나 신호를 위반할 때 바로 정지시키는 열차 안전 시스템은 기관사의 오류를 바로잡아 줄 뿐만 아니라 노동 강도를 감소시켜 주는 중요한 역할을 한다. 반면 시스템이 오류를 일으키는 경우도 있다. 이상기후 현상으로 기온이 급상승 혹은 급강하하는 일이나 폭설·폭우가 과거보다 잦아졌다. 악천후에 따른 신호기의 이상이나 기관차의 신호 장치에 문제가 생길 경우 이를 보정하는 것은 기관사다. 이처럼 철도는 시스템이 열차 안전을 보장하고, 만약 시스템이 문제를 일으킬 경우 사람이 바로잡는 교차 확인 시스템이 중요하다. 국토부의 사고 조사 보고서처럼 신호나 선로 등 시스템은 이상이 없었는데, 운행을 책임진 관련자들의 실수로 사고가 났다는 것은 철도 안전 체계가 완전하지 못하다는 것을 드러낼 뿐이다. 제대로 된 철도 안전 시스템에서는 여객전무나 기관사가 잘못을 해도 사고로 연결되지 않거나 사고가 나더라도 더 큰 사고가 되지 않아야 한다. 더 나아가 나쁜 의도를 가지고 사고를 유발하려 해도 방어하는 시스템을 갖추는 게 이상적이다.

승무원은 왜 신호를 오인했나

이번 대구역 사고는 시스템의 문제뿐만 아니라 국토부나 코레일 경영진의 안전 철학의 빈곤을 보여 준다. 대구역 승강장에는 신호기가 나란히 서 있는데, 철도 신호기 중에 각기 다른 선로의 신호를 지시하는 신호기가 대구역처럼 가깝게 붙어 있는 곳은 드물다. 두 개의 신호기가 바로 옆에 붙어 있는 것은 충분히 오인을 유도할 수 있는 구조다. 신호기를 명확히 구분할 수 있게 설치하는 것도 중요하다. 사고가 난 이후에나 오인 가능성이 높은 신호기를 다시 설치하는 조치가 이루어졌다.

철도 운행을 담당하는 기관사나 여객전무 같은 승무원들은 승무 경험이 중요하다. 각 역의 신호 특성과 취약 요소에 대한 경험적 인식이 사고 예방에 기여한다는 것은 무시할 수 없는 사실이다. 그런데 이번 사고 열차에 승무한 여객전무는 자격은 갖고 있지만 오랫동안 승무 경험이 없는 직원으로 초심자에 준하는 견습과 훈련 과정을 거쳐야 했다. 이렇게 현직을 떠났던 사람이 대체 승무원으로 탑승하게 된 이유는 사측의 강제 순환 전보 방침에 맞선 노조 측의 휴일 근무 거부로 인한 인력 부족 때문이었다. 철도 현장에서의 무분별한 대체 근무가 얼마나 위험한지 이번 사고는 잘 보여 준다.

그동안 국토부는 철도의 효율화를 위해 지속적인 인력 감축을 요구해왔고, 이에 따라 지난 5년간 전체 직원의 20퍼센트에 가까운 5,115명의 인력 감축 프로그램이 진행됐다. 이러다 보니 휴일조차 반납하고 근무해야 하는 상황이 벌어졌고, 근로기준법에 보장된 휴일을 쉬겠다는 게 노동조합이 사측을 압박하는 유력한 투쟁 수단으로 사용될 지경에 이르렀다. 사정이 이러다 보니 코레일 경영진은 현장에서 내근 중인 직원들을 열차 승무원으로 투입했다. 안전에 대한 어떤 고려도 없었다는 이야기다. 또 열차 승무원의 업무 중요성을 무시하는 회사 측의 생각을 드러낸 것이기도 하다.

열차 승무원의 중요성은 일반적인 상황에서는 잘 부각되지 않는다. 그러나 위급한 상황이 생기면 비상시 대처법과 각종 장치들의 작동법을 숙지한 노련한 승무원의 역할이 무엇보다 중요하다. 항공기 객실 승무원들은 퇴직할 때까지 한 번도 사용할 일이 없을지도 모르는 비상시 탈출법을 몸에 배도록 훈련한다. 항공기 승무원들에게 이 훈련 과정은 고되기로 악명이 높다. 특히 신규 채용이나 수습기간 중 이 과정을 통과하지 못하면 임용이 불가능할 정도로 중요한 평가 항목으로 알려져 있다. 열차 승무원을 수년간 책상에만 앉아 있던 사람들로 대체한다는 것은 항공기에 비상 탈출 슬라이드 조작법과 승객 유도 방법을 모르는 승무원을 태우는 것과 다를 바 없다. 위급한 상황이 벌어지면 승객들은 아수라장 속에서 그 누구의 도움도 받지 못하고 자신의 힘으로 살아 나와야 한다.

　대구역 사고는 오인하기 딱 좋은 위치에 나란히 붙어 있는 출발신호기를 수년간 승무 경험이 전혀 없던 대체 승무원이 잘못 본 게 사고로 연결되었다. 그러나 여객전무가 잘못된 신호를 보더라도 이를 보정할 사람이 한 명 더 있었다. 바로 기관사다. 그런데 기관사도 순간적으로 신호를 착각하고 정당한 출발신호로 오인해 무궁화호 열차를 출발시켰다. 이 기관사는 출발신호를 확인하지 않은 것이 아니었다. 정확히 출발신호에 대한 복명복창을 했고 이것은 무전기 녹취록에도 남아 있다. 특히 사고 기관사는 소속 승무사업소에서 베테랑으로 인정받는 기관사였다. 철도에서는 공군의 최우수 조종사를 뽑는 탑건 선정 과정처럼 매년 운전 기술 심사를 거쳐 으뜸 기관사를 뽑는 제도를 운영하고 있다. 전국의 기관차 승무 사업소에서 출전한 우수 기관사들이 모여 관계 규정의 이해도와 운전 실력을 겨뤄 최고 기량의 기관사를 뽑게 된다. 사고 열차 기관사는 소속 승무사업소에서 이 대회에 출전할 대표로 뽑힐 정도로 모범 기관사였고, 임박한 대회를 앞두고 예행연습 삼아 운전하는 동안 모든 운전 절차를 규정에 따라 정확히 시행했다. 그런데 이런 능력 있는 기관사도 순간적인 판단 실수를 할 수 있고 이런 실수를 시스템이 예방해야 하는 게 철도 안전의 기본이다.

철도에서는 여객전무나 기관사가 오인을 하더라도 신호체계가 이를 바로잡아 주는 시스템이 존재한다. 철도의 현대화에 따라 이 신호 시스템도 안전을 더욱 보장하는 방식으로 새롭게 개량되고 있다. 철도의 안전을 담보하는 신호체계는 선로와 기관차가 서로 주고받는 전기신호에 의해 작동한다. 따라서 선로에서 보내 주는 신호를 제대로 수신하는 것이 중요하다. 그러나 이번 대구역 사고에서는 이 신호 시스템이 작동하지 않았다. 이렇게 된 원인은 선로에 설치된 신호 장비와 기관차에 장치된 신호 장비가 신형과 구형으로 호환되지 않았기 때문이다. 신호기의 정지신호를 받은 열차는 자동으로 비상 정차가 되어야 하는데 신호 수신 장치가 이 비상 신호를 수신할 수 없었다. 대구역 같이 고속열차와 일반열차가 하나의 선로로 합류하는 지점에 잘못된 열차 출발을 막는 신호 시스템조차 설치되지 않았다는 것은 심각한 문제다.

무궁화호와 새마을호가 정차하는 대구역 경부선 상행 선로는 승객을 태우기 위해 승강장 쪽으로 나있는 지선으로 들어왔다가 다시 본선으로 나가는 구조다. 일반열차가 대구역에 정차해 있는 동안 바로 옆 선로로 고속열차가 통과하는 경우가 많다. 이렇게 일반열차가 고속열차를 먼저 보내는 것을 철도에서는 '대피'라고 부르는데, 이런 열차 대피의 경우 역의 관제실에서 대피하는 열차에 무선 통보를 하는 것이 일반적이다. 대피 열차 기관사는 고속열차의 진행을 눈으로 확인한 후 신호기의 상태를 다시 확인해서 자신의 열차 선로에 지시하는 신호기가 진행신호를 나타내야 운전 준비를 하게 된다.

한국 철도는 다른 나라에 비해 선로 밀도가 높다. 열차 운행 빈도가 높다는 뜻이다. 주말이나 휴일처럼 임시 열차가 투입되는 등 열차 운행 빈도가 높을 경우 원활하게 무선 교신이 이루어지지 않을 수도 있다. 또한 열차 운행이 지체될 경우 승무원들은 정시 운행을 위해 노력하게 되는데, 이런 과정에서 신호기의 오인 확률이 높아질 수 있다.

2012년 코레일은 열차 사고를 방지하기 위해 각 분야의 외부 전문가를 영입해 휴먼에러연구위원회를 출범시켰다. 6개월 이상 노사가 공동으로 지원하고 산업계와 심리학계, 의학박사들까지 참여해 현장답사와 수십 차례에 이르는 회의를 진행하는 등 강도 높은 활동을 벌였다. 열차 안전 확보를 위한 인적·시스템적 개선에 대한 연구를 진행했고, 상당히 고무적인 성과를 냈다. 그러나 이런 연구 성과가 현장에 뿌리내리지 못한 것은 안타까운 일이다. 휴먼에러연구위원회를 적극 장려했던 전임 사장이 국토부의 철도 민영화에 반대한다는 이유로 사직당한 이후에는 안전 시스템을 확보하기 위한 노력도 그 동력을 잃고 있다.

철도 사고 예방을 위한 휴먼에러연구위원회의 최종 보고서에 따르면, 기관사를 대상으로 선로에 설치된 신호기 위치로 인해 순간적인 착각 및 혼란을 경험한 적이 있는지를 조사한 결과 일반열차 기관사의 경험 비율이 88퍼센트로 가장 높았고, 전동열차가 80퍼센트, 고속열차 72퍼센트로 분석됐다. 이런 현장 분석 결과는 오인 가능성이 높은 신호기에 대한 대대적인 조치가 필요함을 말해 준다.

보고서는 또 "신호기는 가능한 일관되게 위치시켜 기관사의 순간적·무의식적 주시 및 직관에 의해 혼란을 유발하지 않아야 하나, 이에 대한 고려가 전반적으로 미흡"하다고 지적했다. 전문 연구진의 이런 연구 결과는 대구역 같은 사고가 언제든지 발생할 수 있는 상존하는 위험 가운데 하나였음을 말해 준다.

이런 문제를 지적하면 제일 먼저 나오는 말이 예산 부족이다. 필요한 것은 알겠으나 예산에는 이미 정해진 사용처가 있기 때문에 현장에서 제기되는 문제들은 장기적 고려 대상으로 돌릴 수밖에 없다고 한다. 장기적 고려 대상이란 말은 종종 수용하지 못한다는 이야기를 에둘러 표현하는 방식으로 이용된다.

대구역 사고에서 특별히 부각되고 있는 것은 아니지만, 이번에 사고가 난 무궁화호 기관차는 신형 전기기관차 기종으로 기관사 혼자 운전하는 1인 승무 시스템이다(현재 새마을호와 무궁화호는 전기기관차가 끄는 1인 승무 열차와 디젤기관차가 견인하는 2인 승무 열차가 혼재되어 운행되고 있다). 이 1인 승무 시스템은 기관사가 열차 뒷 방향을 감시할 의무가 없고, 운전석에서 뒤를 확인할 수 있는 백미러도 없으며, 출발 요청을 여객전무의 무전기에만 의존하는 시스템이다. 만약 이 기관차가 2인 승무 체제인 디젤기관차였다면 기관사의 잘못된 판단을 부기관사가 보정해 줄 수도 있었을 것이고, 운전석에 장착된 백미러로 고속열차의 접근을 시각적으로 확인할 수도 있었을 것이다. 현재 비용 절감 등을 이유로 1인 승무 시스템이 확대되고 있는 추세인데 1인 승무 시스템의 확산에 따른 안전 취약 요소를 보완할 수 있는 대안도 적극 모색되어야 한다.

효율화의 그늘

이와 같이 대구역 사고를 단순히 여객전무나 기관사의 과실로만 몰아 갈

수 없는 이유는 셀 수 없이 많다. 실수를 유발하는 신호기 위치, 무궁화호 열차 출발 지점과 KTX 운행 선로와의 합류 지점이 짧아 실수를 인식한 뒤 비상 정차를 해도 접촉을 피할 수 없었던 선로 구조, 또 애초에 열차 출발을 정지시킬 수 있는 신호 시스템의 부재, 국토부의 효율성에만 집착한 무리한 인력 감축 실행, 안전에 대한 고려 없이 사무직 근무를 해온 비숙련자를 대체 승무시키는 철도공사의 조치 등 안전을 위해 개선해야 할 문제가 한둘이 아니다.

국토부는 이번 사고를 코레일의 부실과 무능을 부각시켜 민영화를 추진하는 구실로 삼으려 하고 있다. 하지만 코레일의 사고 배경에는 국토부가 틈만 나면 강조했던 효율화의 어두운 그늘이 드리워져 있다.

철도에서는 최대한의 안전을 도모하는 것이 가장 효율적인 것이다. '최소 비용, 최대 효과'나 흔히 말하는 가격 대비 성능비 같은 것들을 철도에 대입하게 되면, 당장의 지출은 줄일 수 있겠지만 안전은 보장할 수 없다. 부실한 안전 대책이 사고로 이어질 경우 더 큰 손실을 낳게 된다. 처음부터 확실한 안전 대책을 확보해야 이중, 삼중으로 비용이 추가되는 것을 막을 수 있다. 열차 운행 중단에 따른 손실, 사고 복구 및 처리 비용, 피해자 배상뿐만 아니라 철도에 대한 사회적 인식 하락으로 연결되는 눈에 보이지 않는 부정적 효과까지 감안한다면 어떤 것이 진정한 효율성을 담보하는지 알 수 있다. 안전이 제일이다.

국토부는 '무능력한 사고뭉치' 코레일이 독점 중인 철도를 개혁하자며 경쟁 체제 도입의 정당성을 역설해 왔다. 특히 코레일밖에 선택할 수 없는 국민에게 더 좋은 서비스를 제공하는 경쟁사를 선택할 권리를 주자고 주장해 왔다. 그러나 이번 사고에서 밝혀졌듯이 아무리 많은 회사를 설립해서 경쟁을 시켜도 연동된 네트워크라는 특성을 갖는 철도는 한 지점의 문제가 전체의 문제로 비화된다. 사고가 나면 설령 다른 철도 회사가 생긴다 해도 운행이 불가능한 것은 마찬가지다. 더구나 한 노선을 서로 다른 회사가 이용하게 될 경우 심각한 소통의 부재를 낳게 되고, 사고가 났을 때 서로 책임을 떠넘기거나 협력하지 못해 더 많은 문제를 낳게 될 것이다.

사고 관련자를 엄벌에 처하고 현장 직원들에게 실수하면 끝장이라는 공포감을 조성해 당장의 문제를 덮을 것인지, 사고를 발생시킨 요인들을 하나둘 모아 세밀히 연구하고 대책을 마련해 항구적 안전 체계를 갖추는 길로 갈 것인지 지켜보아야 한다.

대중을 위한
대중교통 정책 없다

사라지는 것은 적자 노선만이 아니다

선진국에서 이동권은 이미 보편적 복지의 개념으로 받아들여지고 있다. 헌법에 보장된 행복추구권, 평등권, 자유권, 참정권 등과 같은 다른 기본권들처럼 모든 시민이 사회적 지위나 재산 정도와 관계없이 자유롭게 이동할 수 있는 권리를 사회가 보장해야 한다는 것이다.

'이동권'이란 말이 생소할 수도 있다. 그렇지만 여기서 잠시 프랑스의 교통기본법을 살펴보자. 프랑스는 시민이 교통수단을 자유롭게 이용할 수 있는 권리를 법의 출발점으로 삼고 있다. 교통기본법상의 교통권에는 모든 이용자의 이동할 권리, 교통수단을 선택할 자유, 접근성, 서비스의 질과 운임의 적절성, 지역사회의 비용 부담이 분명히 명시되어 있다. 이동 제약자에 대한 특별한 조치는 기본적으로 보장된다.

하지만 한국의 경우 교통이 오히려 사회적 약자는 물론이고 서민들에게 더 큰 제약을 주는 방식으로 자리 잡아 가고 있다. 지하철의 극심한 혼잡을 겪어야 하는 사람들 대부분은 교통 인프라 소외 지역에 사는 사람들이다. 서울의 전셋값 폭등으로 외곽으로 밀려난 사람들에게 교통비는 또 다른 압박으로 다가온다. 우리가 모르는 사이에 사회적 인프라마저도 잘사는 사람들에게 편중되고 있기 때문이다. 가까운 곳에 지하철역이 생기면 집값은 오르고 생활은 더 편리해진다. 모두가 내는 세금이 더 힘들고 어려운 사람에게 쓰이기보다는 사회 양극화를 촉진하는 꼴이다. 더구나 이런 공적 교통 분야에까지 민영화를 도입한다면 앞으로 양극화는 더욱 심각해질 것이다.

한국교통연구원이 경쟁을 도입해 효율화되었다고 주장하는 지하철 9호선의 실상은 이와 같은 민영화의 참혹한 미래를 적나라하게 드러낸다. 지하철 9호선의 대주주는 인천공항을 인수하려다 사회적 반대에 부딪쳐 무산되었던 호주의 다국적기업 맥쿼리 사다. 운영사 역시 프랑스의 다국적기업 베올리아 사다. 이들에게 2012년 서울시가 보상해 준 금액만 320억 원이다. 예상 수익을 높게 잡았기 때문이다. 게다가 9호선은 2011년 말, 공기업이 운영하는 다른 지하철과 달리 경기도 버스와의 환승 할인을 거부했다가 비난 여론이 거세지자 다시 환승 할인을 받아들인 적도 있다. 당시 시는 이를 강제할 수단조차 없었다.

마찬가지로 민자로 개통된 신분당선은 최소운영수입 보장제[MRG]가 사라지자 아예 기본요금을 대폭 높여 버렸다. 이들은 지하철 개통으로 이동 시간이 단축되었으니 다소 비싸더라도 시민에게는 이익이라고 궁색한 변명을 늘어놓고 있다. 하지만 그런 논리라면 다른 지하철도 버스에 비해 이동 시간이 단축되는 노선의 요금을 인상해야 한다.

공적 영역이 사적 기업의 이윤 추구 수단으로 변질되는 순간, 우리 사회의 대다수 서민은 이중의 고통을 감당해야 한다. 세금과 높은 요금이 그것이다. 소유하지 못하면 통제하지 못한다. 이미 민간 영역으로 넘어가 이윤이 최고의 목표가 된 기업에게 사회적 책임을 다하라고 한들 들을 리 만무하다. 사회적 네트워크가 이윤이라는 날카로운 칼날에 여기저기 뜯기고 있는 형국이다. 이렇게 망이 뜯겨지는 만큼 사회는 사람들을 지켜 주지 못할 것이다.

더 큰 문제는 이런 추세가 가속화되고 있다는 사실이다. 만약 정부의 방침대로 수서발 KTX에 경쟁 체제가 도입되면 호화로운 최고급 고속철도가 하나둘 승객을 태울 때마다 산간벽지 노선의 철도 노선도 하나둘 사라져 갈 것이다. 지방 중소도시의 철도 노선 역시 온전치 못할 것이다. 적자만 양산하는 비효율적인 역과 노선들은 구조 조정 대상이 될 것이기 때문이다. 역이 사라진 마을은 사람의 발길이 줄어들 것이고, 사람들의 발길이 줄어든 마을은 더 빨리 쇠락할 것이다. 사라지는 것은 철도 노선만이 아니다.

한국의 교통비, 정말 싼 것일까?

한국의 지하철 요금은 국제적 수준과 비교할 때 싼 편이다(〈표 3-1〉 참조). 서울시 지하철 공사나 한국철도공사에서 밝힌 자료에 따르면, 수송 원가

〈표 3-1〉 주요 국가별 운임 수준 비교

구분	운행 구간	거리 (km)	운임 (원)	km당 운임	비교 물가 (ppp)	환산 km당 운임	운임 수준
한국	서울-부산	423	57,300	135	100	135	100
일본	도쿄-신오사카	552.6	197,824	358	184	195	144
프랑스	파리-리용	429	112,001	261	152	172	127
독일	프랑크푸르트-뮌헨	400	141,867	355	141	252	186
영국	런던-뉴캐슬	432	281,160	651	149	437	322
미국	뉴욕-워싱턴DC	328	153,476	468	123	380	281

주: 운임은 각 회사별 홈페이지(일반석 기준, 2012년 4월 운임), 2012년 4월 30일 기준 환율로 환산.
비교 물가수준은 국가통계포털(2010년 기준, 한국=100)

이하의 요금을 받고 있고, 이것이 적자의 주요 원인 중 하나이다. 그렇다면 이렇게 싼 요금은 정말 이용 시민들을 위해서 싸게 책정된 것일까?

한국의 교통 요금은 고스란히 이용 시민들이 부담하는 것으로 결코 싼 요금이 아니다. 더구나 지하철과 철도의 적자도 시민들의 세금으로 보전하고 있는 셈이니 결국 시민들은 세금과 요금으로 공공 교통 체제를 지탱하고 있는 것이다.

한국은 1960년대 경제 개발 시기부터 1980년대 중반까지 수출산업의 경쟁력을 확보하기 위해 저임금 정책을 유지했다. 그런데 이 저임금 정책은 노동자뿐 아니라 농민의 희생을 바탕으로 한 것이었다. 저임금 정책을 유지하기 위해 저곡가 정책을 펼쳐야 했던 것이다. 주식인 쌀이 비쌀 경우 노동자들의 저임금을 유지할 수가 없었기 때문이다. 생산비에 못 미치는 쌀값으로 농민들은 시름에 잠겼고 농촌의 해체가 가속화되었다. 한국 경제의 눈부신 발전은 저임금으로 수출 경쟁력을 보장했던 노동자들과 저곡가 정책에도 농촌을 지키고 쌀을 생산해 온 농민의 희생을 기반으로 이루어진 것이다.

현재 한국의 낮은 공공 교통 요금도 이런 저곡가 정책과 맞닿아 있다. 교통 요금의 모든 부분을 온전히 시민들이 부담하는 구조가 되다 보니 교통 요금을 원가 수준으로 높일 수 없는 상황인 것이다. 한국의 경우 이른바 수익자 부담 원칙을 내세워 전적으로 이용자들에게 교통비를 전가하고 있다.

이 같은 교통 요금 체계가 갖는 문제는 양극화를 부채질하는 것뿐만이 아니다. 지난 몇 년간 확장된 민자 사업들은 공공 교통 부문마저 토건 재벌과 금융 재벌의 수익 창구로 전락시켰다. 이런 사업에 앞장 선 사람들은 공공의 이익이 아니라 재벌의 이익을 대변하는 데 주저함이 없었던 지방자치단체장들과 국토부를 비롯한 각 부처의 공무원들이었다. 서울지하철 9호선이나 전국의 말썽 많은 경전철 사태가 말해 주듯이 말로는 국가 경제를 위한다고 했지만 드러난 결과는 분명한 재벌 챙기기였다. 사회 각 분야의 희생을 바탕으로 커다란 성공을 거둔 한국의 기업들이 과실은 온전히 자신들의 것으로 취하고 사회적 책임을 외면한 오랜 역사가 공공 교통 체계에도 각인되어 있는 셈이다.

부조리한 수도권 교통 체계

한국 사회에 필요한 경제민주화 역시 우리가 알지 못하는 사이에 양극화를 촉진하는 시스템으로 정착된 여러 가지 제도들을 바꿔 나가는 것에서 시작되어야 한다. 그 첫걸음은 서울과 수도권의 공공 교통 요금 체계 개편에서부터 출발하는 게 바람직하다. 2천만 수도권 시민들이 부담 없이 이동권을 누릴 수 있는 체제로의 개편은 공공 교통 이용을 촉진해 상당한 사회적 비용을 감소시킬 것이다.

먼저 현재 장거리 이동에 더 많은 요금을 부담하게 하는 요금 체계의 개편이 필요하다. 프랑스의 교통 개혁안처럼 공공 교통 요금이 가난한 사람들에게 더 많은 부담을 지게 하지 못하도록 서울시와 경기 일원을 운행하는 모든 지하철과 전철의 요금 체계를 단일 요금 체계로 전환하는 조치가 필요하다. 만약 재정상의 문제 등으로 당장 도입이 불가피하다면 최소한 출퇴근 시간의 일정한 시간대에는 단일 교통 요금이 적용되도록 하는 방법을 우선적으로 도입할 수 있다. IT 기술이 발달한 한국에서는 몇 가지 프로그램만 손보면 손쉽게 도입할 수 있다. 이런 체제를 구축하는 데 걸림돌은 역시 민자 사업으로 진입한 민영 지하철이다.

따라서 민영 지하철과의 실시 협약이나 요금 체계 개선을 위한 사회적 합의 절차가 마련되어야 한다. 필요하다면 새로운 법률을 제정해서 민영 지하철이 공공 교통 체계를 훼손하는 주범이 되는 일을 막아야 한다. 현재 신분당선 같은 경우 고작 17.3킬로미터의 노선에 서울시 지하철보다 훨씬 높은 요금을 징수하고 있다. 이들이 높은 요금을 받는 이유로 든 것이 광역 버스보다 빠르다는 것인데, 이런 이유라면 광역 버스보다 빠르게 이동하는 공영 지하철이나 전철의 요금도 모두 올려야 한다. 더구나 신분당선은 기관사가 필요 없는 무인운전 시스템이고 최소의 인력으로 운영비도 절감되는 구조라며 자랑하고 있다. 이처럼 자동화 시스템으로 인건비조차 기존의 지하철보다 적게 드는 효율적인 회사가 시민들로부터는 더 높은 요금을 받는 것은 이해할 수 없는 일이다. 결국 민영 지하철에 투자한 재벌 건설사들과 금융사들의 이익을 이용 시민들이 보전하고 있는 셈이다.

지하철 9호선이나 신분당선이 자신들의 요금 정책을 고수하려면 몇 가지 전제 조건이 있다. 건설비나 운영비에 국가 보조가 없고 전체 지하철 네트워크에서 독립적으로 존재해 사업을 벌인다면 이들 사업체의 요금 책정을 두고 왈가왈부할 수 없다. 특정 지역의 관광 노선이 사철로 이루어진 일본과 같은 경우라면 요금 책정 권한은 온전히 운영사의 자율에 맡길 수 있다. 그러나 지하철 9호선과 신분당선의 경우 상당한 국가 재정이 투입되었고, 또한 완성된 노선이 기존의 공공 교통 시스템과 연결된 환승 체계를 갖고 있다. 이들 민자 사업 철도는 공영 지하철과의 환승 시스템 덕분에, 독자적으로 운영될 때보다 훨씬 더 많은 이용객을 확보할 수 있다. 공영 지하철과 연결되어 있기 때문에 얻는 시너지 효과가 이들 노선의 가치를 더욱 빛나게 하는 것이다. 이것이 네트워크 산업이 갖는 가장 중요한 특징 중 하나다.

이런 현실 속에서 30년간 운영권을 갖는 민간사업자에게 지속적인 고수익을 보장하는 체제는 경제민주화라는 시대정신을 심각하게 훼손하는 일이다. 가난한 사람들이 교통 요금을 더 많이 부담하고 출퇴근길에도 더 큰 고통을 감수해야 하는 현실이 다른 한편에 존재하기 때문이다. 필수 공공재로서 공공 교통수단의 위상을 다시 세우고 이에 필요한 부담을 명확히 규정하는 법체계를 구축해야 한다. 장기적으로는 지역 통합 요금제를 도입해 버스와 지하철 등의 대중 교통수단이 사회적 불평등을 완화해 주는 장치가 될 수 있도록 해야 한다. 지역 통합 요금제가 정착되기 전까지는 출퇴근 시간대만이라도 통합 요금제로 전환해 사회 활동에 참여하는 시민의 부담을 줄여 주어야 한다. 이런 작은 변화만으로도 세상은 많이 달라질 것이다.

코레일은 왜
용산 개발 사업에 뛰어들었나?

거기 사람이 있었다

용산역 앞의 큰 대로를 한강대로라고 부른다. 2009년 1월 19일 저녁, 나는 이 한강대로의 버스 중앙차로에 있는 버스 정류장에 서있었다. 자동차들은 도로 가장자리에 주차된 전투경찰 호송 버스들 때문에 제 속도를 내지 못하고 있었다. 버스 정류장 건너편에는 평소 노조 동료들과 술잔을 기울이던 주점과 음식점으로 향하는 큰길이 있었고, 그 옆에 남일당 건물이 서있었다. 건물 옥상에서는 '도시 테러리스트'로 낙인 찍힌 철거민들이 망루를 설치하고 경찰과 대치 중이었다. 치킨집, 빈대떡집, 국밥집 사장 출신 테러리스트들이 옥상을 점거한 채 어둠 속에 서있었다. 어쩌면 저들 중 한 사람에게 술

값을 계산했을 수도 있었겠다는 생각을 하며 나는 버스에 올랐다.

다음날 아침, 뉴스 속보를 보고 나는 할 말을 잃었다. 서울 시내 한복판, 시뻘건 화염 속에서 사람이 타 죽고 있었다. 나는 이 야만의 세상에 할 말을 잃었다. 4년이 지난 지금, 당장이라도 철거민을 내쫓지 않으면 큰일 날 듯 덤벼들던 용역 깡패와 경찰들은 자취를 감췄지만 남일당 건물터는 여전히 빈 공간으로 남아 있다.

용산은 서울시 최고의 빌딩숲으로 거듭날 뻔했다. 수백 미터 높이의 하늘을 찌를 듯한 빌딩들이 들어서고 곳곳에 오피스텔과 주상복합 건물이 자리를 잡아 부동산 개발의 신기원을 이루는 청사진이 사람들의 눈과 귀를 홀렸다. 재벌 기업과 철도공사가 이 한배를 타고 약속의 땅을 향해 나아갔다. 이때만 해도 서브프라임 모기지 사태라는 이름의 빙산이 용산 개발이라는 항로 앞에 버티고 있을 줄은 꿈에도 몰랐다.

개발 사업의 부메랑

"현재 철도공사의 문화를 보면 시장 마인드가 약하다. 그저 열차를 문제없이 운행하는 것에만 만족한다."

1993년, 철도 민영화를 추진하면서 보수당 정부 존 맥그리거 교통부 장관이 한 말이다. 신자유주의의 파도가 가장 먼저 덮친 곳은 공공 부문이었다. 경제 불황 속에서 공공 부문에 민간의 효율성을 도입해 정부 재정 부담을 줄이겠다는 개혁 논리는 사람들을 솔깃하게 했다. 공공 부문의 비효율의 근거로 제시된 엄청난 적자는 시민들에게 당장이라도 공공 부문을 수술하지 않으면 안 될 것 같은 인식을 심어 주었다. 그리고 영국 철도는 민영화라는 수렁에 빠져들었다.

한국 철도의 경우도 마찬가지다. 한국 철도의 비효율을 논할 때 국토부의 대표적인 주장 중 하나가 바로 "시장 마인드의 부재"다. 국토부는 기회가 있을 때마다 철도공사에 대해 시장 마인드가 없다고 질타했다.

현 상태를 계속 유지하다가는 교통수단 간 치열한 경쟁에서 낙오되어 영업 적자 증가와 고속철도 건설 부채의 원리금 상환 등으로 막대한 적자를 피할 수 없으나, 구조 개혁 이후에는 민간 기업 환경 속에서 경영 혁신 노력을 극대화해 전체적인 재무 수지 개선이 가능하다. 또한 쇼핑센터, 숙박·호텔업 등 다양한 부대사업을 활성화할 수 있어 철도 운영 회사는 우량 회사로 거듭날 수 있다(2002년 9월 건설교통부가 작성한 "한국 국영 철도의 구조 개혁 FAQ").

국토부는 대국민 설명 자료에서 친절하게 표까지 첨부해 한국 철도의 무능한 부대사업 능력을 질타했다. 용산 개발 사업에 철도공사가 뛰어든 가장 큰 이유는 이와 같이 정부로부터 끊임없이 부대사업을 통한 이윤 창출 압박을 받았기 때문이다.

〈표 3-2〉에서 볼 수 있듯이 2002년 동일본 철도가 운송이 아닌 부대사업으로 얻은 수입이 전체 수입의 28퍼센트인 반면, 한국 철도는 0.1퍼센트에 불과하다. 거의 모든 수입을 철도 운송 사업에서 가져오고 있는 것이다. 사실 일부 일본 철도 회사들의 경영 수지 흑자는 이런 높은 부대사업 비중이 큰 역할을 하고 있기 때문이다.

〈표 3-2〉 건설교통부의 일본과 한국의 부대사업 수입 비교

구분	부대사업 비중	부대사업 범위
철도청	0.1퍼센트	시설 임대, 광고
동일본 JR	28.0퍼센트	시설 임대, 역사 및 역세권 개발, 광고, 관광, 호텔, 요식업, 레저

자료: 2002년 9월 건설교통부(현 국토부)가 작성한 "한국 국영 철도의 구조 개혁 FAQ"

    2005년 1월, 국영 철도 체제에서 공기업으로의 전환 이후에도 국토부의 압박은 끊이지 않았다. 국토부는 비효율적인 공기업 체제에서 경영 개선은 기대할 수 없다며 수서발 KTX에 민간 경쟁 체제를 도입할 경우 민간 기업의 창의적인 수익 창출로 철도 산업이 한 단계 도약하게 될 것이라고 말했다. 철도공사로부터 역사 등의 자산을 환수해 민간에 운영권을 주게 되면 역세권 개발 등으로 새로운 수익 창출이 가능하고 적자를 줄이는 데 기여할 것이라는 주장이었다.

    당시 부동산 시장의 호황은 천문학적 이익 창출을 꿈꾸게 했다. 하늘을 뚫고 올라간 고층 빌딩을 상상하며 온갖 기대와 욕망이 꿈틀거렸고 투자자들이 모여들었다. 여기에 '디자인 서울'로 시의 새로운 가치를 창조하겠다고 나선 오세훈 시장과 용산역 일대에 차량 기지를 포함한 넓은 땅을 소유한 철도공사의 이해관계가 맞아 떨어졌고, 재벌 건설사들이 달라붙었다.

    철도공사는 용산역 개발 수익으로 향후 몇 년 안에 철도 적자의 상당 부분이 해소될 거라는 보도 자료를 내놨고, 용산역 개발이 추진되면서 얻은 수익으로 영업 외 수입이 증가해 2007년 영업 수지 흑자를 보였다. 이에 대해 국토부는 용산역 개발 대금 상환으로 인한 착시 현상일 뿐이지 경영 개선 결과는 아니라는 반박 논평을 내기도 했다. 자신들이 그토록 강요했던 역세권 개발 사업을 통해 철도공사가 수익을 챙기는 것처럼 보이자 심사가

뒤틀렸던 것이다.

철도 부대사업의 환상

그렇다면 한국 철도 산업에서 부대사업 확대를 통한 획기적인 경영 개선은 가능한 것일까? 철도는 각국의 역사적 조건과 문화, 환경에 따라 각기 다양한 특성을 가지고 있다. 이런 특수한 조건과 배경을 무시한 채 어느 한 나라의 제도만을 도입하게 되면 용산 개발 사태와 같은 일이 벌어지게 된다.

일본 철도의 수익 구조에서 부대사업 비중이 높으니 한국 철도도 부대사업을 통한 수익 창출로 경영 개선을 시도하라는 것은 모래밭에 있는 달리기 선수에게 최신 운동화를 사줬으니 신기록을 세우라는 것과 다름없다. 한국에서 제일 사람이 붐비는 서울역이라 해도 하루 유동 인구가 40만에 불과하다. 도쿄에서 제일 붐비는 역 중 하나인 신주쿠 역의 3백만에 비하면 턱없이 작은 규모다. 도쿄에는 신주쿠 역 외에도 남북으로 통하는 신칸센 고속열차의 출발역인 도쿄 역을 비롯해 우에노 역, 이케부쿠로 역 등 서울역의 서너 배가 넘는 대형 역들이 곳곳에 포진해 있다. 남부의 대도시 오사카 역의 선로 양쪽에 위치한 대형 역사 건물은 항상 이용자들로 붐빈다. 이런 역들은 주변의 유동 인구를 자연스럽게 역이나 역 주변 상권으로 모이게 하는 역할을 한다.

이런 현상은 일본이 역세권 개발을 통해 수익을 올리자고 계획해서 가능했던 게 아니라 오랜 역사 속에 자연스럽게 형성된 것이다. 일본 전철을 이용해 보면 알겠지만, 손을 뻗기만 하면 고가 선로 옆의 사무실에 손이 닿을 듯하고, 시장 상점의 바로 위로 기차가 쿵쾅거리며 달리는 게 아무렇지도 않은 사회가 일본이다. 일본의 도시에서는 철도역을 중심으로 생활이 이루어지고 상권이 형성돼 있다.

이에 반해 서울역은 유동 인구가 40만이라 해도 주변의 환경은 서울역과 커다란 연계성이 없다. 서울역 서부 일대의 언덕 지대에는 주민들의 주거 단지가 형성되어 있고, 이곳 주민들은 서울역에 기차를 타러 오지 않는 한 군이 먼 걸음을 하지 않는다. 역 광장 쪽에도 대형 빌딩과 사무실 건물들이 있지만 그 규모가 크지 않을뿐더러 철도역과 생활공간이 밀접하게 연계되어 있지 않은 탓에 이들은 일부러 서울역으로 와서 식당가를 이용하거나 쇼핑을 해야 할 필요를 느끼지 않는다. 이런 특성을 무시한 채 무분별하게 역세권을 개발하거나 부대사업을 확충하게 되면 또 다른 부실을 키우는 원인이 된다.

일본 여객 철도 회사 중 하나인 JR 동일본의 사업 영역을 보면 철도 관련 부대사업의 종류가 우리가 상상할 수 없을 만큼 다양하다. 철도와 관련성이 깊은 여행업, 창고업, 주차장 사업뿐만 아니라 도서·잡지 출판업, 금융업, 선불식증표 판매업, 골프 클럽·테니스 클럽 등 스포츠 시설 이용권 판매업, 전기통신 사업, 정보처리 및 정보 제공 서비스업, 손해보험 대리업 및 기타 보험 매개 대리업, 자동차 정비업, 석유·가스 등의 연료 및 자동차 용품 판매업, 여행 용품·식료품·주류·의약품·화장품·일용 잡화 등의 소매업, 여관업 및 음식점업, 일반 토목 및 건축의 설계·공사 감리 및 건축업, 설비 공사업, 전기 공급 사업, 수송용 기계·기구 제조업, 동산 임대업, 이벤트 티켓 판매, 청소 용역, 사진 인화 등의 중개업, 부동산의 매매·임대 중

개, 감정 및 관리업, 정밀 기계·기구 및 일반 산업용 기계·기구 제조업, 간판·표식 안내판 등의 제조 판매업, 유원지·체육 시설·문화시설·교육 시설·영화관 등의 경영, 청량음료·주류의 제조 및 수산물의 가공 판매업 등 거의 전 분야를 망라한다. 이런 조건에서 철도 회사의 부대 수익 비중이 높은 것은 당연할 수밖에 없다.

게다가 일본 철도의 높은 부대사업 비중을 국토부는 철도 회사의 모범으로 삼지만 실상은 좀 다르다. 최근 한국에서 재벌의 골목 상권 침해가 문제가 되었듯이, 일본 철도역 주변의 중소 상인들 역시 굴지의 대기업인 JR 동일본이 꽃 배달 사업까지 해가며 지역 상인의 생존권을 빼앗고 있다며 불만을 터뜨리고 있다.

철도 부대사업 확대 방안을 논의하는 자리에서 일부 인사는 일본처럼 철도역을 이용한 콘도 사업 등을 벌여 수익을 올리는 방안을 제시한 적도 있다. 이런 즉자적인 대안이 실행되었다면 철도공사의 부실은 더 가중되었을 것이다. 한때 유행한 콘도 이용형 레저 문화가 펜션이나 캠핑 등 다양한 형태로 변하고 기존의 콘도 회사들도 부진을 면치 못하는 상황에서 외국의 성공 사례를 무비판적으로 수용하는 것은 어리석은 일일 뿐이다.

일본에서도 부동산 거품이 꺼지면서 일본 철도의 부채 비용을 정부가 감당해야 했던 과거가 있다. 1980년대 중반, 산더미처럼 불어난 일본 국철의 적자를 메우기 위한 방편으로 일본 국철이 보유했던 철도 부지를 매각하는 정책이 추진되었는데, 매각 시점을 놓쳐 부채를 줄일 수 있는 기회를 잃어 버렸다. 매각 시점에 대한 판단 착오가 철도에 대한 정부 부담을 가중시켰다고 하지만 만일 매각이 이루어져 철도 부채가 일부 해소되었다 해도 이를 구매한 기업이나 부동산 개발사들이 몰락해 일본 경제에 상당한 피해를 끼쳤을 것이다.

　부동산 경기 침체에 따른 용산 개발 사태의 문제는 철도 운영 기관에 다양한 방법으로 수익을 창출하라는 압박이 계속되는 한 언제든지 재발할 수 있다. 부대사업이라는 이름 아래 시행되는 역세권 개발 같은 사업이 토건족과 결탁해 투기 과열을 조장하고 개발이익이나 챙기는 것이라면 철도공사가 나서는 것은 부당하며, 이를 부추기는 국토부 행태도 중단되어야 한다.

　수서발 KTX 운영을 위한 제2공사 설립을 추진 중인 국토부 입장에서는 용산 개발의 늪에 빠져 허우적거리는 코레일의 문제가 심화될수록 나쁠 게 없다. 코레일의 부실과 무능력을 부각시켜 철도 산업에 경쟁 체제를 도입하고 민영화로 가는 발판을 만드는 숙원 사업을 마무리 지을 수 있기 때문이다.

　일본과 유럽을 비롯한 많은 나라에서 철도 시설과 운영 과정을 이용한 부대사업 확충에 나서고 있지만, 한국처럼 졸속으로 결정되고 진행되지는 않는다. 부대사업은 철도가 지역사회에 자리 잡는 과정에서 자연스럽게 진행되어야 이용자의 편익 확대와 철도의 수익 증대가 함께 이루어질 수 있다.

철도 서비스 유감

고객을 친구처럼

고객은 왕이 아니다. 오래전부터 식당이나 가게에 "손님은 왕이다"라는 표어가 붙어 있는 곳이 있었다. 손님을 왕처럼 모시겠다는 소위 '서비스' 정신의 표현이었다. 무한 경쟁 사회로 치달으면서 용어의 인플레 현상이 나타나고 손님이나 승객이란 단어는 고객으로 상향 조정됐다. 기업들의 서비스 경쟁이 심해지면서 고객을 유치하려는 눈물겨운 노력은 서비스를 받는 사람들을 도리어 민망하게 만드는 지경까지 이르렀다. "고객이 언제나 옳습니다!", "고객은 황제다!", "고객이 하라면 하겠습니다!"라는 말들이 터져 나왔고, 머리가 땅에 닿을 정도로 인사를 하는가 하면, 심지어는 행패를 부리는 손님에게조차 직원들은 웃는 얼굴로 머리를 조아려야 했다. 한때 철도공사의 전화 응대 인사는 "행복을 드리겠습니다. 고객님!"이었는데 "자기야! 어떻게 행복을 드릴건데?" 같은 성희롱에도 '왕'과 같은 고객님이기에 참아야 하는 게 현실이었다.

절대 권력인 왕에게는 무조건 복종할 수밖에 없다. 왕이 좋아서가 아니라 그래야만 목숨을 부지할 수 있기 때문이다. 따라서 왕이 좋아하지 않는 것들은 숨길 수밖에 없고, 경우에 따라서는 왕을 배신할 수도 있다. 역사 속에서 많은 왕들은 자신들이 가장 신뢰하던 신하의 손에 축출되었다. 고객인 왕들이 반드시 알아야 할 게 있는데, 신하들은 절대로 왕을 진심으로 섬기지 않는다는 사실이다. 온갖 굴욕을 당하면서도 왕의 심기를 거슬리지 않기만을 바랄 뿐이다. 그래서 백화점이 몇 시간 전부터 무너질 조짐을 보이며 흔들려도 그저 평상시에 있을 수 있는 일이라고 이야기하거나, 원자력 발전소에 사고가 발생하거나 열차 안전에 심각한 문제가 생겨도 곧 처리될 사소한 결함이라고 대답하는 일이 발생하는 것이다. 왕이 지배하는 사회에서는 내부 비리나 문제를 고발하는 일도 있을 수 없다.

고객이 제대로 대접을 받으려면 친구가 되어야 한다. 실수나 잘못을 해도 친구들은 감싸 줄 수 있다. 또 위험이 닥치는 순간, 왕은 버리더라도 친구에게는 사실대로 위험을 알리고 피할 수 있도록 최선을 다하게 된다. 우리는 누군가에게 대접을 받는 고객이 될 수도 있고, 또 대접하는 직원이 될 수도 있다. 누구나 이 사회의 공동 구성원이자 노동자로서 서로를 존중하는 마음으로 다가간다면, 그것이 훨씬 더 좋은 서비스를 만들어 내지 않을까?

민영화와 서비스의 억지 결합

2012년 2월, 국회에서 철도 민영화와 관련한 토론회가 열렸다. 이때 토론자로 참가한 국토부 철도정책과장이 민영화가 이루어지면 철도 서비스가 대폭 개선될 것이라고 말했다. 그러면서 든 예가 한국통신이었다. 그의 발언 내용을 그대로 옮기자면 이렇다.

"민영화가 되면 서비스가 분명히 좋아집니다. 한국통신이 민영화된 지금, 고객 센터에 전화하면 전화 안내원이 '사랑합니다! 고객님' 이렇게 응답합니다."

국토부가 생각하는 서비스의 개념이란 이런 것이다. 수화기 너머 들려오는 낯선 목소리의 주인공에게 거짓으로라도 사랑을 고백하게 만드는 것이 좋은 서비스라고 보는 것이다. 철도 민영화를 찬성하는 보수 신문들의 논평들도 서비스 개선을 위해서는 민영화가 꼭 필요하다고 주장하는데, 정작 개선되어야 할 서비스가 무엇인지는 밝히지 않는다.

서비스를 이렇게 생각하는 사람들은 철도공사 안에도 있다. 백화점 개장 시간에 입구에서 직원들이 나란히 서서 배꼽 인사 하는 것을 서비스라고 여긴 사람들은 열차 승무원들에게도 허리를 깊이 숙여 인사하라고 가르쳤다. 승무원들은 객실 순회 중에 보는 사람이 없어도 새로운 객실 칸을 들어서거나 나갈 때 객실 안을 향해 고개 숙여 인사를 한다. 이런 행태가 지속되다 보니 처음엔 어색해했던 승무원들도 버릇처럼 머리를 숙인다. 시위 진압을 전문으로 하는 자리에 있던 사람이 철도공사 사장이 되었던 시절에는 KTX 여승무원들에게 패밀리 레스토랑처럼 무릎을 꿇고 승객들의 눈높이에 맞춰 응대하라고 지시하기도 했었다.

그렇다면 한국 철도의 서비스는 몇 점일까? 철도 직원들의 감정을 억누르는 눈물겨운 노력에도 낙제점을 줄 수밖에 없다. 왜냐하면 철도 서비스의 80퍼센트는 열차 밖에서, 열차표를 구매하는 과정에서 이루어지며, 이 과정에서 승객들은 가장 많은 불만을 가지게 되기 때문이다. 사실, 서울역에서 열차를 이용하는 승객들을 유심히 살펴보면, 안내 직원에게 문의를 하든 직접 찾든 자신이 타야 할 열차와 좌석을 찾고 난 뒤에는 특별한 서비스를 필요로 하지 않는다. 객차 안에서의 서비스는 사실 승객들의 여행에 크게 영향을 주지 않는다.

한국에서 철도 서비스가 낙제점인 이유는 철도를 타고 싶어도 제때 탈 수 없기 때문이다. 특히 이용객이 몰리는 주말이나 평일의 특정 시간에는 표를 구하기가 더욱 어려워진다. 가끔 일본의 철도를 안내할 기회가 있어 일본 열차를 이용하게 되면, 일부러 제일 바쁜 시간대를 골라 예약 없이 도쿄역 같이 인파가 최고로 붐비는 곳으로 일행을 데리고 간다. 매표구에서 목적지를 이야기하면 대략 10~20분 내로 출발하는 신칸센 고속열차 표를 구할 수 있다.

이런 일은 왜 벌어지는 것일까? 한국 철도의 용량이 한계에 달했기 때문이다. 철도 서비스가 제대로 구현되기 위해서는 직원들이 배꼽 인사를 하거나 걸려 오는 전화에 사랑 고백을 하는 것이 아니라 열차 운행 횟수를 늘려야만 한다. 열차 운행 횟수를 늘리려면 열차를 더 투입해야 하는데, 선로 용량이 허용하는 최대 운행 횟수를 이미 넘어섰기 때문에 현재로선 불가능하다.

게다가 현재 KTX의 자유석 제도는 이용자들에게 고통을 가중하고 있다. 평일 출퇴근길 서울역이나 대전역 승강장을 보면 신기한 풍경이 펼쳐

진다. 자유석으로 운영되는 KTX 17, 18호차 승강장에만 긴 줄이 늘어서 있다. 자유석 이용자가 많아 일찍 선점하지 않으면 통로의 간이 의자나 객실에 서서 가야 한다. 게다가 출발역이 아닌 역에서 자유석을 이용하는 승객은 아예 좌석을 포기해야 한다. 입석 승객이 많으면 좌석을 이용하는 승객의 불편도 가중된다. 이런 상황에서 배꼽 인사가 무슨 소용인가? 자유석 제도를 운용하려면 최소한 자유석의 3분의 1 정도는 여유가 있어야 한다. 반쪽짜리 자유석 제도로 자유석 제도의 도입 취지도 살리지 못하고 자유석 승객과 좌석 승객 모두에게 불편을 주고 있다. 이 모두가 좌석 공급량이 절대적으로 부족한 한국 철도의 현실 때문이다. 수서발 KTX는 이런 한국 철도의 공급 부족 문제를 해소하는 중요한 전환점이 될 수 있다. 비로소 제대로 된 서비스를 할 수 있는 기회인 것이다.

민영화로
사라지는 것들에 대하여

효율화로 사라지는 사람들

철도를 효율화하겠다고 나선 건 국토부만이 아니다. 철도공사도 국토부의 명령에 따라 어떻게든 적자를 줄이고 효율성을 달성하겠다고 노력 중이다. 하지만 실제 결과는 효율적이지도 않을 뿐만 아니라 설사 효율적으로 변했다 하더라도 그 혜택이 이용자들에게 돌아가는지 의문인 경우가 많다.

철도공사는 인력 효율화와 업무 효율화를 명목으로 열차 내 승무원 분야를 자회사를 만들어 분사시켰다. 지금 KTX와 새마을호 승객들에게 서비스를 제공하는 승무원들은 엄밀히 말하면 한국철도공사 직원이 아니다. 이들 열차에는 코레일 소속 여객팀장과 코레일관광개발 소속 승무원이 역할을 나누어 일을 하고 있다. 한 열차 안에 각각 다른 회사 직원이 일하는 셈이다.

영국도 민영화 이후 같은 일이 벌어졌다. 과거에는 철도에서 일하는 사람들이 모두 한 회사 직원이었으나 민영화 이후 작은 역에서도 하는 업무에 따라 소속된 회사가 달라진 것이다. 같은 공간에서 일을 하지만 소속 회사나 인력 송출 업체에 따라 임금도 노동조건도 모두 달랐고, 이들 사이엔 동료 의식은커녕 불신만 커져 갔다. 이것이 바로 그들이 말하는 효율화다.

지금은 잊혀진 'KTX 여승무원 투쟁'을 다시 떠올려 보자. 화려한 스포트라이트를 받으며 출발한 KTX 승무원들의 자부심은 효율화라는 이름으로 진행된 구조 조정 과정에서 무참히 무너졌다. 새로 생긴 자회사로의 이적을 거부한 승무원 280명이 집단 해고당했고, 이때부터 싸움이 시작되었다. 이들의 요구는 사실 단순했다. 열차 서비스를 제공하는 철도공사의 직원으로 일을 하겠다는 것. 당시 코레일 사장과 경영진은 한목소리로 여승무원들은 코레일과 아무 상관없는 사람들이라며 이들을 고용한 자회사가 알아서 할 일이라고 했다. 이 코레일과 아무 상관없는 승무원들은 운행을 마치고 종착역에 도착하면 늘 다음과 같은 안내 방송을 했다. "오늘도 저희 코레일을 이용해 주셔서 감사합니다." 코레일과는 아무 상관없는 사람들이 코레일을 '저희' 코레일이라고 사칭하고 다닌 셈이다.

싸움에 나선 지 1천5백 일 만인 지난 2010년 8월, 법원으로부터 '근로자 지위 확인'을 받음으로써 이들에게도 복직의 길이 열렸다. 그런데 이들은 아직도 코레일로 돌아오지 못하고 있다. 철도공사 측이 복직을 거부하며 항소를 했고, 재판은 몇 년이 지나도록 결론이 나지 않고 있기 때문이다. 사실 문제는 이들만이 아니다. 현재 코레일관광개발이라는 자회사에 소속되어 KTX와 새마을호에서 일하고 있는 열차 승무원들도 코레일이 직접 고용해 철도공사의 정규직원이라는 자부심을 갖고 일할 수 있어야 한다.

맛있는 KTX 도시락을 먹는 법

한국 철도와 관련해 많은 불만이 제기되는 항목 가운데 하나인 도시락 이야기를 해보자. 업무 효율화란 명분으로 자회사들이 생겨나고 대표와 이사, 감사 등 여러 높은 자리들도 생겼다. 이 자회사의 목표는 어떻게든 비용 대비 수익을 극대화하는 것이다. 도시락을 제공하는 회사는 수익을 올려야 하고 그러려면 싼 가격에 음식을 공급하는 업체를 골라야 한다. 도시락 제조와 납품 단계별로 수익이 발생해야 한다. 이들에게 도시락은 열차 여행의 또 다른 낭만이 아니라 수량과 단가를 맞춰 이윤을 내야 하는 상품일 뿐이다.

군이 수백 종류가 넘는 도시락을 먹기 위해 열차를 이용하는 철도 마니아들이 있는 일본과 비교하지 않는다 해도 한국의 열차 도시락 수준은 형편없다. 종류도 대여섯 가지에 불과하고 맛도 없고 비싸기만 하다. 그나마 단가가 싼 도시락은 열차별로 몇 개 구비하지도 않아 금방 떨어져 버린다. 모두가 효율성 논리의 결과다.

2013년 5월, 광주에 급한 볼일이 있어 이른 아침 호남선 KTX에 올랐다. 새벽부터 서두르는 바람에 아침을 먹지 못했고 이른 시간이라 역의 식당도 연 곳이 없어 열차 안에서 도시락으로 식사를 해결하기로 했다. 그러나 아침 일찍 출발하는 열차에 도시락은 준비되어 있지 않았고 익산역에나 가야 공급받을 수 있다고 했다. 익산역에서 승무원에게 구입한 7천5백 원짜리 도시락은 얼다시피 한 제육볶음 도시락이었다. 따라 나온 밑반찬 몇 가지도 질이 형편없어 김치 몇 조각으로 거의 맨밥을 먹다시피 했다. 선전용으로 인쇄된 사진 속의 도시락과 실제 도시락은 너무 달랐다. 그 후론 아무리 배가 고파도 열차 안에서는 도시락을 사먹지 않겠다고 다짐했다. 기차 안에서 도시락을 사먹었던 승객 한 분이 올린 블로그 글의 제목은 "7천5백 원 하는 KTX 도시락, 북한보다도 저질"이었다. 동료 중에는 KTX에서 도시락을 드신 부친으로부터 이런 항의 전화를 받은 이도 있었다. "너네 회사 도시락은 사람 먹으라고 주는 거냐?"

열차 도시락 서비스는 굳이 자회사에 맡길 일이 아니다. 위와 같은 항의 전화를 코레일 경영진이 받았다면, 앞서 말한 여승무원들처럼 도시락은 자회사에서 판매하는 것이지 철도공사와는 상관없는 일이라고 대답할 것이다. 하지만 열차 안에서 도시락을 먹고 화가 난 승객들은 그 순간에도 도시락 공급 업체를 욕하는 게 아니라 "먹는 것 갖고 장난치는 사기 집단 코레일"을 욕한다는 사실을 알아야 한다.

기업의 사회적 역할이란 말이 있다. 특히 공기업은 그 사업 과정에서 시민과 지역사회에 기여해야 할 의무가 있다. 철도공사가 주도적으로 참여해 각 지방별로 열차에 도시락을 공급하는 지역 협동조합 설립을 지원하고, 이들 협동조합은 철도공사의 엄격한 인증 아래 지역별·계절별 도시락을 만든다면 어떨까? 이는 지역 경제를 활성화하는 데도 작은 원동력이 될 수 있을 것이다. 코레일은 전국적인 철도망을 활용해 농어촌을 돕는 동시에 신선한 도시락을 납품해 서비스의 질을 높일 수 있다. 여기에 커미션이나 납품 비리, 리베이트 같은 것은 아예 들어설 자리가 없다. 이런 일은 고액 연봉을 받으며 결재 사인만 하는 고위직 자리를 만들지 않고도 가능하다. 철도 공사의 한 부서가 책임지고 지역 협동조합과 공동 업무 조인식만 가지면 된다.

열차를 타면 신선한 제철 음식, 우리 농산물로 만들어진 도시락을 먹을 수 있다는 '고정관념'이 생겼으면 좋겠다. 전라선을 타면 여수 돌산 갓김치

일본의 기차 도시락 에키벤(駅弁). 2012년, 도쿄-니카다 구간을 운행하는 조에츠 신칸센 열차를 타기 전에 도쿄 역에서 구입한 도시락이다.

열차를 타면
신선한 제철 음식, 우리 농산물로 만들어진 도시락을 먹을 수 있다는
'고정관념'이 생겼으면 좋겠다.
전라선을 타면 여수 돌산 갓김치나 벌교 꼬막이 담긴 도시락을 먹을 수 있고
장항선을 타면 제철 주꾸미 볶음이 담긴 도시락을 먹을 수 있다면,
또 얼마나 신이 날 것인가?

나 벌교 꼬막이 담긴 도시락을 먹을 수 있고, 장항선을 타면 제철 주꾸미 볶음이 담긴 도시락을 먹으면서 달릴 수 있다면, 또 얼마나 신이 날 것인가? 도시락 하나만 봐도 알 수 있지 않은가? 어떤 게 진짜 시민을 위한 것이고 효율적인 회사 경영인지.

4부

철도 민영화 정책 해부

독일 마인츠 역에서 생긴 일
기차가 출입문 고장으로 멈춰 섰다.
승객은 근처 직원에게 도움을 요청했다.
그러자 직원은 미안하다며 이렇게 말했다.
"그건 저희 회사 일이 아닙니다."

민영화의 기원

민자의 전성시대

1994년 8월 3일, 〈사회간접자본시설에 대한 민간자본유치 촉진법〉(약칭 민자유치촉진법)이 처음으로 제정된다. 이 법이 바로 지하철 9호선 사태로 주목받은 〈사회기반시설에 관한 민간투자 사업법〉의 모태다. 이 〈민자유치촉진법〉에 따라 1995년, 한국 최초의 민자 사회간접자본 사업으로 추진된 프로젝트가 바로 영종도 신공항(현재 인천공항) 고속도로 건설 사업이었다. 이때부터 사회간접자본에 대한 민간투자 유치는 대폭 확대된다.

과거 한국 경제는 중공업·중화학공업과 전기·전자 분야의 눈부신 발전으로 경제적 도약을 이뤘다. 그러나 사회간접자본 분야에 대한 투자 부족은 지속적인 경제 발전을 위한 토대를 만드는 데 걸림돌이 됐다. 경부고속도로 성공 신화와 자동차 산업의 급격한 발달로 인한 도로 건설 위주의 개발 정책은 균형적인 국토 발전과 산업 발전에 장애 요소로 다가왔다. 1980년대 중반까지 한국의 사회간접자본 분야 시설 규모는 선진국 대비 45퍼센트 수준에 불과했고, 매출액 대비 물류비가 선진국의 경우 10퍼센트 수준이었던 데 비해 한국은 19퍼센트에 달했다. 이는 한국 기업의 국제경쟁력까지 떨어뜨렸다.

이런 상황에서 용량 한계에 다른 철도 수요를 감당할 고속철도 건설, 포화 상태에 이른 김포공항을 대체할 국제공항 신설, 내륙 곳곳의 고속도로망 확충 등 광범위한 사회간접자본 투자 사업이 계획되었다. 이를 위해서는 엄청난 재정을 필요로 했는데, 이 과정에서 국가 재정 부담을 완화한다는 명목으로 국내 대기업의 자본 유치를 촉진하기 위해 〈민자유치촉진법〉(1994)이 제정되었던 것이다. 하지만 1997년 IMF 외환 위기로 말미암아 민간 자본을 유치할 수 있는 전망이 어두워졌다. 이에 정부는 1994년 제정한 〈민자유치촉진법〉을 개정해, 민간의 투자 유치를 더욱 촉진하는 지원 체계를 구축하고 외국자본 유치에 대한 제약을 없앤 〈사회간접자본 시설에 대한 민간투자법〉을 제정하게 된다.

이후 민간투자 사업은 중앙정부와 전국 지방자치단체가 앞다투어 추진하는 사업이 되었는데, 이 과정에서 민간 투자를 활성화하기 위해 프로젝트 파이낸싱이라는 재정 조달 기법과 최소 운영 수입 보장제도가 도입되게 된다. 먼저 프로젝트 파이낸싱[PF] 기법이란, 특정 프로젝트로부터 발생 가능한 미래의 현금 수익을 담보로 해당 프로젝트를 수행하는 데 필요한 자금을 조달하는 금융 기법을 총칭한다. 이 방식은 현 민간사업주의 물적 가치나 신용 등을 고려하지 않고 가상의 미래가 담보하는 수익에 기초해 자금을 조달하는 것이기 때문에, 미래의 수익이 명확하고 막대할수록 자금 조달이 용이해진다. 이 점에서 이 같은 자금 조달 방식은 최근 많은 논란을 불러일으키고 있는 '최소 운영 수입 보장제'와도 밀접한 관련이 있는데, '최소 운영 수입 보장제'란 말 그대로 민자 사업자가 실제 사업을 할 때 이용객이 원래 예측했던 수준에 미치지 못할 경우 예측 수요의 일정 부분만큼 손실분을 보장해 주는 제도를 말한다.

그런데 문제는 민간투자 사업이 이 같은 기법과 방식에 기초함에 따라 민자 사업은 처음부터 민간 투자자와 사업자의 수익을 보장하는 방식으로 설계되었다는 점이다. 또한 이는 사업을 추진하는 정부 기관으로서는 사업 추진을 정당화하고, 민간 투자를 활성화하기 위해, 민간 투자자와 사업주는 향후의 수익을 극대화하기 위해 예비 타당성 조사에서부터 수요를 과도하게 부풀릴 수밖에 없는 구조라는 점이다. 물론, 수요 예측은 전문 연구 기관에서 수행되지만, 수요 예측 용역을 맡은 기관은 민간사업자의 터무니없는 요구를 전문 기관의 과학적 분석에 따른 예측이라고 포장해 주는 역할을 할 뿐이다. 고양이에게 생선을 맡기는 꼴이다. 반면, 지하철 9호선 사례에서 잘 드러나듯, 이 같은 구조에서 시민들은 손실 보전을 위해 높은 요금 체계와 조세 부담을 필연적으로 강요받을 수밖에 없게 된다.

그럼에도 이런 방식의 민자 사업은 노무현 정부 시기인 2005년에 다시 개정된 〈사회기반시설에 대한 민간투자법〉을 통해 사업 범위가 학교, 하수관, 의료, 군숙소, 등 사회 서비스 부문으로 대폭 확대됨에 따라, 광범위한 부문에서 사적 자본의 이윤을 보장해 주는 제도로 자리를 잡았다. 국공유 재산의 무상 임대 및 처분 혜택, 토지 취득 및 보상에 대한 혜택, 각종 지원 제도 등 기업 입장에서 민간투자 사업은 그 어떤 투자 대상보다도 리스크가 적고 고수익을 보장하는 완벽한 투자 사업이 됐다.

지금도 우리가 모르는 사이에 공적으로 유지되어야 하는 필수 사회기반 시설을 사적 이윤 체제로 전환하는 작업이 지속적으로 이루어지고 있다. 이명박 정부는 2009년 기획재정부 발표를 통해 정부 재정 지출 효율화를 위해 민간투자 사업을 계속 확장하겠다고 발표했다. 그동안 민간투자 사업에 대한 문제가 끊임없이 제기되어 왔음에도 재벌을 위한 정책을 지속하겠다는 선언이었다.

인천공항 고속도로와 철도

사실 9호선 문제가 발생하기 전부터도 민자 사업에 대해 시민의 불만은 끊이지 않았다. 최초 민자 사업인 인천공항 고속도로는 당시 공항으로 가는 대체 수단이 없는 유일한 필수 공공시설임에도 민자 사업으로 진행해 이용자들은 울며 겨자 먹기로 높은 이용 요금을 부담할 수밖에 없었다. 시민들이 '요금 인하 대책위원회'를 만들어 헌법 소원까지 냈으나 헌법재판소는 뱃길도 대체 도로일 수 있다는 코미디 같은 판결로 토건 재벌의 손을 들어 줬다. 시민들은 이에 대항해 '톨게이트에서 동전 보따리로 통행료 내기' 같은 저항으로 민자 고속도로의 횡포를 고발했다.

민간 경쟁 체제 도입을 통해 새로운 철도 경영 모델을 보여 주겠다던 인천공항 철도는 더욱 심각한 문제를 노출했다. 예측 수요의 7퍼센트라는 경이적인 이용률을 보이며 세계 최고의 한적한 철도라는 조롱을 당했던 인천공항 철도는 결국 1조2천억 원의 적자를 철도공사에 떠넘기며 다시 공영화 되었다.

그런데 이 공영화 과정에서 자칫하면 엄청난 시민의 세금이 또 낭비될 뻔했다. 2009년 3월 30일 국토부는 "인천공항 철도 민간투자 사업 합리화 대책 마련"이라는 보도 자료를 내고 한국철도공사가 출자 지분을 인수하기로 하는 협상에 나서겠다는 발표를 한다. 여기서 눈여겨봐야 할 점은 인천공항 철도의 대주주인 현대컨소시엄의 행태다. 향후 경영 개선의 여지도 보이지 않고 과도한 보조금으로 세금을 축내고 있다는 비난이 쏟아지자 회사 이미지 실추를 막고 매각 대금으로 투자금을 회수할 수 있다는 판단에 따라 인천공항 철도 사업에서 손을 떼기로 한 현대컨소시엄은 2007년 5월, 정부 승인을 전제로 한국인프라투융자사 등과 주식 매매 계약을 체결하고, 2008년 4월, 국토부에 승인을 신청한다. 국토부는 현대에 이어 한국인프라융자회사에 거액의 세금을 계속해서 거둬 줘야 하는 상황을 감당할 수 없게 되자, 교통연구원에 의뢰한 인천공항 철도에 대한 수익성 분석 결과를 토대로 기획재정부와의 협의를 거쳐 현대의 승인 요청을 거부하고, 인프라투융자사에 매각하려 했던 기존 건설사 출자 지분을 공기업인 한국철도공사가 매입하는 것으로 결정한다. 금융권에 지분을 매각한 이후에는 정부에서 근본적인 대책을 강구하는 게 불가능하다는 것이 당시 국토부가 밝힌 이유였다. 만약 이때 현대의 의도대로 인천공항 철도가 민간 투융자사에 넘어갔다면 시민이 감내해야 할 고통은 상당했을 것이다.

지하철 9호선의 비극

2011년 12월 27일, 국토부는 대통령 업무 보고 자리에서 KTX 민영화 추진 계획을 밝혔다. 2012년 상반기 안에 업체 설명회와 희망 기업 신청 접수, 심사를 거쳐 사업체 선정까지 일사천리로 진행하겠다는 로드맵이 제시됐다. 말이 업무 보고지 이미 정권의 하명을 받은 국토부가 민영화안을 강력하게 밀어붙이겠다는 대국민 선전포고를 하는 자리나 다름없었다. 그러나 정부 의도와 다르게 여당조차 민영화 반대를 선언하고, 광범위한 국민적 반대에 부딪히자 정부는 슬그머니 계획을 수정했다. 4월 안에 업체 선정이 안 되면 2015년 개통 일정상 KTX 민영화가 불가능하다며 신속한 추진을 주장했던 국토부는 총선 이후 업체 선정에 나서겠다고 한발 물러섰다. 이런 상황에서 "고속철도 민간투자 사업 제안서"를 정부 발표 이전에 입안하는 등 KTX 운영권을 넘겨받기로 내정된 업체라는 의혹에 시달리던 대우건설은 고속철도 사업을 포기하겠다고 선언한다. 그러나 정부는 미련을 버리지 못하고 KTX 민영화 추진의 불씨를 살리기 위해 힘을 쏟았다. 이명박 정부와 국토부는 왜 이토록 KTX 민영화에 대한 욕심을 버리지 못했던 것일까? 그것은 이미 민간투자 사업을 통해 단맛을 보았기 때문이다. KTX 민영화의 모델이 되었던 그 사업은 바로 지하철 9호선이다.

지하철 9호선 건설의 비밀

지하철 9호선의 건설은 처음부터 기존과는 다른 방식으로 추진되었다. 원래 지하철 건설은 현재 도시기반시설본부의 전신인 서울특별시지하철건설본부가 담당해 왔으나, 김대중 정부와 고건 서울시장 당시 민자 사업으로 지정된 이후, 지하철 9호선은 민간투자 활성화와 정부 및 시 예산 절감이라는 미명 아래 일부 공사를 BTO라는 민간투자 방식으로 진행하게 되었던 것이다(BTO$^{Build\text{-}Transfer\text{-}Operate}$ 방식이란 사회간접시설을 민간 부분이 주도해 설계·시공한 후 시설물의 소유권을 공공 부문에 이전하되, 약정 기간 동안 그 시설물을 운영해 투자금을 회수해 가는 방식을 말한다). 이에 따라 9호선은 선로 건설 등 하부 토목공사는 시에서 담당하고, 궤도, 전력, 전차선, 차량 제작, 신호, 통신, 역무 자동화 설비, 차량 검수 시설, 기타 설비 공사, 정거장 마감 공사, 스크린 도어, 차량 기지, 종합사령실 건축공사 등은 로템을 주축으로 한 민간 컨소시엄이 맡는 방식으로 추진되었다. 이 과정에서 2002년 서울시장으로 취임한 이명박 시장은 2003년 11월 기존의 우선 협상 대상자였던 울트라건설을 명확한 이유 없이 철도 차량 제작사인 로템을 앞세운 컨소시엄으로 변경했다.

추진 당시의 계획에 따르면, 민간 컨소시엄이 담당한 건설 부분에는 총 8,995억의 건설비가 책정되었으며, 서울시가 정부로부터 받은 자금을 포함해 건설 분담금 4천2백억 원을 부담했고, 서울메트로9호선 주식회사가 총 사업비 4,795억 원을 민자로 조달하도록 되어 있다. 서울시가 부담한 사업비는 2003년 1월 2일 불변가격 기준으로 총사업비 대비 46.7퍼센트에 이른다. 흔히 민자 사업은 민간이 자본을 모두 대는 것으로 알고 있지만, 실제로는 정부나 지방자치단체의 돈이 상당 부분을 차지한다. 지하철 9호선은 서울시가 절반의 돈을 대면서 향후 운영과 이득을 보장하는 건설 방식이었다. 지하로 연결된 선로와 기반 시설을 정부와 서울시가 모두 부담하고, 민자로 건설하기로 정한 운영 시설조차 서울시가 절반에 이르는 비용을 부담하면서 민간 업체의 수익을 보장해 주는 투자 행위가 서울시와 국토부(당시 건설교통부)의 심사와 승인을 거쳐 진행되었다.

특히 설계의 창의성 및 기술 발전을 위해 서울시가 도입한 턴키·대안 입찰 방식은 공사 업체의 배를 불리는 장치였다. 이에 대해서는 2002년, 공정거래위원회 조사에서 담합 입찰이 적발되어 공사 참여 업체들에 시정 명령과 함께 71억 원의 과징금이 부과되었다. 서울지하철 9호선 14개 공구의 공사비는 일반 발주의 경우보다 25퍼센트 높게 계약되어 약 4천억 원 규모의 예산이 낭비된 것으로 추정됐다. 2001년 7월 경실련이 발표한 서울시 지하철 9호선 턴키 공사 담합 입찰 조사 의뢰서를 보면, 5개 턴키 공사의 평균 낙찰률이 98.3퍼센트이며, 14개 공구 전체의 평균 낙찰률이 88.9퍼센트로 일반 경쟁입찰의 평균 낙찰률 64퍼센트보다 평균 25퍼센트가 높다. 경실련은 턴키·대안 입찰 방식을 채택함에 따라 1공구당 3.4개, 최소 1천억 원 이상의 과다 설계가 이루어졌을 것이라고 추정했다. 또 서울지하철 9호선 설계비는 준비 단계에서 760억6천만 원, 공사 발주 단계에서 696억1,460만 원이 소요되었으나 '재설계 방침'에 따라 79억 원을 지급하게 되어 설계비만 총 1,537억7,460만 원이 들었다. 이를 일반 공사로 발주했을 경우 677억5,490만 원이 든다는 점을 감안한다면, 결국 설계비만 858억2천만 원이 낭비되었다는 것이 경실련의 주장이다.

이에 대해 서울시 지하철건설본부 측은 준비 단계의 설계 예산은 9, 10, 11, 12호선의 총비용이며, 9호선에는 203억 원이 소요되었고, 공사 발주 단계의 설계비용은 417억 원으로 경실련의 858억 원 예산 낭비는 근거 없는 것이라고 해명해 논란을 일으켰다. 이렇게 시민의 혈세를 들인 사업에서 한몫씩 챙겨 간 사업체들은 대우·동부·삼성·현대·두산·쌍용 등 재벌 건설사들이었다. 특히 대우와 동부건설은 2011년부터 KTX 민영화 사업에 뛰어들기 위해 적극적으로 준비한 사업체였다.

그러나 더 큰 문제는 사업 진행 과정에서 대주주가 바뀐 일이다. 〈표 4-1〉에서 알 수 있듯이 2008년, 이명박 대통령이 취임하던 해에 건설 회사 위주로 구성되어 있던 주주단에 금융자본이 대거 들어왔고, 지하철 9호선의 맥쿼리한국인프라가 2대 주주로 등극한다. 1대 주주인 로템과의 지분 차이는 불과 0.47퍼센트다. 2008년 공기업 선진화 계획에 따라 추진됐던 인천공항 매각 추진 과정에서 매각 주체 0순위로 거론됐던 회사도 맥쿼리 금융그룹이었고, 맥쿼리 IMM 자산 운영 대표는 이명박 대통령의 친형인 이상득 의원의 아들 이지형 씨였다. 그리고 상대적으로 사회적 주목을 받지 못했던 지하철 9호선까지 맥쿼리 사가 슬그머니 대주주로 자리 잡은 것이다. 토건 재벌에 엄청난 이익을 제공하고, 외국자본에 기간산업을 넘겨

〈표 4-1〉 서울시메트로9호선 주식회사 주주 현황

주주 명	소유 주식 수(2005년 4월)			소유 주식 수(2008년 12월)		
	보통 주	지분율 (퍼센트)	금액 (천 원)	보통 주	지분율 (퍼센트)	금액 (천 원)
(주)로템	430,680	29.41		8,355,767	25.00	
현대건설(주)	258,465	17.65		2,553,522	7.64	
포스테이타(주)	215,267	14.70		1,702,906	5.10	
포스콘(주)	215,267	14.70		1,702,906	5.10	
대우엔지니어링(주)	86,400	5.90		685,173	2.05	
삼표이앤씨(주)	86,107	5.88		681,830	2.04	
울트라건설(주)	86,107	5.88		681,830	2.04	
쌍용건설(주)	86,107	5.88		681,830	2.04	
소계	1,033,720	70.59				
맥쿼리한국인프라투융자회사				8,197,309	24.53	
(주)신한은행				4,980,000	14.89	
LIG손해보험(주)				1,000,000	2.99	
신한생명보험(주)				1,000,000	2.99	
중소기업은행				800,000	2.39	
동부화재해상보험(주)				400,000	1.20	
총계	1,464,400	100	7,322,000	33,423,073	100.00	167,115,365

자료: 금융감독원 전자 공시

시민의 호주머니를 터는 일이 소리 소문 없이 진행되었던 것이다.

효율적인 경영 기법의 민낯

국토부는 KTX 민영화의 필요성을 주장하면서 지하철 9호선이 공기업이 운영하는 다른 지하철에 비해 훨씬 효율적이라고 말한다. 특히 민간 경영 기법을 도입해 직행 전동차의 운행 등 기존 공기업이 하지 못하는 창의적 경영을 하고 있고, 최소한의 고용으로 인건비 절감액도 상당하다고 자랑한다. 그러나 직행 전동차는 이미 포화 상태에 이른 기존 지하철 노선의 용량 한계를 완화하고 이동 시간을 줄이기 위한 방안으로 오래전부터 제시된 대안이었다. 그동안 기존 노선에 이를 도입하지 못한 것은 30년 이상 된 노선의 경우 직행 열차 도입을 위한 대피선 공사에 많은 예산이 들기 때문이었다. 신규로 건설되는 지하철의 경우 이런 문제가 없기 때문에 9호선에 도입된 것이다. 또 인건비 절감도 다른 시각으로 봐야 한다. 이윤을 최고 목적으로 하다 보니 소요 인력을 최대한 줄이는 방식으로 직원을 배치했다. 기업의 사회적 역할에 따른 고용 창출이나 시민의 안전 같은 것은 아예 고려 대상이 되지 않았다. 역무원이 없는 승강장에서 시민은 많은 불편을 감수해야 한다.

또한 지하철 9호선은 "경기도와 국토해양부로부터 환승 할인으로 발생하는 손실분을 0원도 보전 받지 못하고" 있으며, "다른 노선은 관계 기관으로부터 손실액을 보전 받고 있고, 9호선을 뺀 나머지는 공기업이기 때문에 손실이 생겨도 문제가 되지 않는 상황"이라면서 환승 할인을 거부했다. 이는 시민이 주인인 공기업이 지하철을 운행할 때 시민의 편익이 높아진다는 뜻이다. 언론 보도에 따르면, 일산에서 출근하는 시민이 9백 원을 아끼기 위해 환승 할인이 안 되는 9호선 여의도역을 피해 10분이나 돌아가는 5호선을 통해 9호선을 이용하는 웃지 못할 일이 벌어지고 있었다. 일부 시민들은 9호선 환승을 피하기 위해 도보로 한두 정거장을 걷기도 한다는 불만을 토로했다. 이것이 국토부가 말하는 시민 편의와 민간 경영 효율화의 현실이다.

2012년 2월, 지하철 9호선은 지하철 요금 추가 인상안을 발표했다. 손실분을 보전하기 위해 2012년 2월 25일을 기해 일제히 인상된 서울시 교통 요금에 더해 추가로 요금을 인상하겠다는 것이었다. BTO 방식에서 부풀린 수요예측을 통해 투자사의 이익을 보장하는 해괴한 최소운영수입 보장 방침에 따라 이미 2011년, 시 보조금으로 322억 원을 챙겨 간 지하철 9호선은 누적 적자가 자본 잠식 상태에 이르러 별도의 추가 운임을 반영할 계획이라고 했다.

민자 사업의 묘수

지하철 9호선 문제로 한발 더 들어가 보자. 그동안 최소운영수입 보장제나 주주사의 높은 이자 비용 챙기기 같은 문제는 많이 다루어졌으니 지하철 9호선의 사업 구도를 분석해 보자.

서울시는 이명박 대통령이 시장으로 재직하던 2005년, 서울메트로9호선 주식회사와 '실시 협약'을 체결한다. 9호선 사업권의 총괄 주체가 된 '서울메트로9호선 주식회사'는 '9호선 운영주식회사'와 9호선 운영 및 유지·보수 협약을 체결한다. 대주주인 현대로템은 베올리아 사와 협약을 맺고 함께 운영 회사에 출자한다. 베올리아 사가 대주주인 '9호선 운영주식회사'는 현대로템을 주축으로 한 특수 목적 법인SPC과 유지·보수 계약을 체결한다.

이들의 사업 구도를 그림으로 나타내면 〈그림 4-1〉과 같다. 중층적 다단계로 서로 얽혀 있는 운영체제다. 여기서 핵심은 자신들이 뽑아낼 수 있는 수익은 다 뽑아 가면서 책임은 면하는 교묘한 시스템을 만들어 놓았다

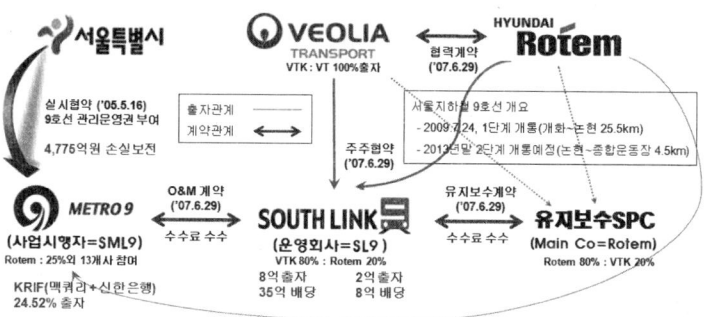

〈그림 4-1〉 지하철 9호선 사업 구도

자료: 사회공공연구소

는 데 있다.

　서울시는 '세후 실질 사업 수익률을 8.9퍼센트 보장한다'는 협약에 따라 최소 수익 보장분과 공공 할인분으로 '서울메트로9호선 주식회사'에 2009년부터 2011년까지 715억 원을 지원했다. 그럼에도 불구하고 2011년 감사원 보고 자료에 따르면, 지하철 9호선은 수백억 원의 손실을 보았다. 물론 대부분의 손실분이 대주주 금융사가 챙겨 가는 이자 부분으로 밝혀졌지만, 지하철 9호선은 심각한 적자를 보고 있는 것이 분명하다. 그러나 이런 가운데 운영사는 만만치 않은 수익을 챙기는 것으로 드러났다. 운영사는 2009년 개통 이후 72억의 순이익을 챙겼다. 운영사 지분을 8대 2로 나눠 갖고 있는 베올리아와 현대는 각각 8억 원과 2억 원을 투자해 불과 2년 만에 35억2천만 원과 8억8천 만 원의 배당 수익을 챙겼다. 투자액 대비 엄청난 수익이다. 게다가 이런 수익에 대해 법인세조차 단 한 푼 걷을 수 없는 제도상의 맹점까지 활용했다. 알뜰하게 시민의 세금을 챙겨 가는 효율적 경영 시스템 속에 이용 시민들은 환승 할인 혜택도 받지 못한 채 혼잡시간 증차 요

165

구도 묵살당하면서 요금은 더 내라는 협박을 당하고 있는 것이다.

2013 이완용

2012년 현재, 지하철 9호선은 서울시메트로9호선 주식회사와 서울9호선 운영주식회사로 나누어진 이원 체제인데, 서울9호선 운영주식회사의 CEO는 베올리아 사에서 파견한 마흐슬랑 다루 씨이고, 서울시메트로9호선 주식회사 CEO는 정연국 씨로 이명박 대통령의 측근이었다. 지하철 9호선의 2대 대주주 중 하나가 맥쿼리 사이고 운영자는 베올리아 사이다. 맥쿼리 사는 인천공항 고속도로, 인천대교, 서울-춘천 고속도로, 용인-서울 고속도로, 우면산 터널, 수정산 터널, 광주제2순환도로 등 국내의 다수 사회간접자본에 대주주나 운영자로 참여하고 있다. 베올리아 사는 상수도 사업에서 세계 1, 2위를 다투는 프랑스계 초국적 기업이다. 특히 베올리아 사는 2001년, 한국 법인을 설립한 이후 2005년부터 인천시로부터 송도·만수 하수 종말 처리 시설을 20년 계약으로 위탁받아 운영 중이다. 인천 시민 중 33만 명이 이 하수 처리 시설을 이용하고 있으며, 2011년에는 38억 원의 순익을 올렸다. 인천시는 2006년, 한국에서 최초로 외국계 물 기업인 베올리아와 상수도 사업 관련 양해 각서를 맺었다. 이처럼 맥쿼리와 베올리아는 한국의 사회간접자본을 다방면에서 잠식해 나가고 있다. 민영화가 효율적인 사회적 대안으로 여겨지는 한국은 이들 다국적기업에게 천혜의 투자처인 것이다.

정부 정책대로 KTX 민영화가 추진된다면 그 파급력은 지하철 9호선과는 비교할 수 없는 수준이 될 것이다. 한미 FTA 협정에서 그나마 독점권을 인정받은, 2005년 7월 1일 이전에 건설된 노선까지도 외국자본이나 재벌에 자발적으로 헌납하는 꼴이 된다. 정부는 수서-평택 노선을 빌미로 민간 경쟁 체제 도입을 이야기하지만 이 노선은 경부선과 호남선을 통해 부산과 목포·광주로 연결된다. 부산까지의 고속 신선은 이미 한국철도공사가 독점적으로 관할하는 노선이지만 민영화가 추진되고 거기에 외국자본이 참여할 경우 국토의 주요 간선망을 몽땅 내주게 되는 결과를 가져오게 된다. 정부가 국가의 기간 교통망을 팔아넘기기에 안달이 난 모양새다. 지금 한국 정부는 누구의 정부인가? 국민의 정부인가? 외국 투기자본과 재벌의 대리인인가?

한국 철도 민영화, 대재앙의 시나리오

가끔 황당한 의료사고 뉴스를 접할 때가 있다. 어떤 해외 토픽 기사에서는 다리를 잘라야 하는데 팔을 절단하는 바람에 엄청난 배상을 해야 했다는 이야기도 나오고, 증상과 무관한 엉뚱한 부위를 수술해서 문제가 생겼다는 뉴스도 있었다. 어쨌든 환자는 병을 고치러 갔다가 더 큰 장애를 얻어 나오는 황당한 경우다. 나는 이런 뉴스를 접할 때면 철도를 떠올린다. 현재 진행 중인 정부의 철도 정책이 대형 의료 사고 같다는 생각에서다. 더 심각한 문제는 단순 실수가 아니라는 데 있다. 위장에 문제가 있는데 폐 수술을 해야 한다고 달려드는 형국이다. 진단부터가 잘못된 것이다.

정부의 오진과 잘못된 처방의 악순환은 어떻게 끊을 수 있을까? 철도가 사양화의 길로 내달리던 시절, 철도 선진국들에서조차 철도의 미래를 비관적으로 전망했다. 자동차 산업의 눈부신 발달과 편의성에 비하면 철도는 시대에 뒤떨어진 교통수단이었다. 철도가 들어서면서 마차가 몰락했듯이 도로 교통에 밀려 철도도 서서히 사라질 것이라고 생각하는 사람들이 많았다. 여기에 항공 산업마저 폭발적으로 성장하자 철도가 설 자리는 더욱 좁아지는 듯했다. 그러나 도로 교통이 교통수단의 왕좌로 들어선 지 반세기도 채 지나지 않아 자동차가 가져다주는 폐해가 사회의 가장 핵심적인 문제 중 하나로 떠올랐다. 도로를 가득 메운 채 18세기 마차 속도조차 내지 못하는 최신 자동차들이 만들어 낸 문제는 한 사회의 문제일 뿐 아니라 전 지구적 문제가 되었다. 환경오염, 엄청난 연료 소비, 교통사고, 도로 건설에 따른 자연 파괴, 혼잡비용 등 자동차가 주는 안락함의 한계는 분명했다.

대안으로 떠오른 것은 철도였다. 철도의 수송 분담률이 높아질수록 그 사회의 질도 높아진다는 것을 자각한 나라들이 도로 교통 위주의 정책을 폐기하고 철도를 중심으로 교통 체계를 바꾸었다. 철도를 애물단지로 취급했던 한국에서도 철도의 수송 분담률을 높이는 것이 중요한 과제가 되었다. 특히 통합된 네트워크가 가진 효율성에 공적 운영이 결합된 철도는 여기서 발생되는 이익이 사회 전체의 것으로 전화되기에 사회 구성원들에게는 아주 소중한 자원이 되는 셈이다.

그러나 최근 한국 철도 정책은 철도의 사회적 기능을 무력화시켜 소수의 이익을 보장하는 전유물로 만들려 하고 있다. 이들은 철도의 문제를 왜곡하고 부풀려 마치 당장이라도 손보지 않으면 거대한 사회악으로 자라날 것 같은 공포를 조장했다. '철도 적자의 해소'가 국토부 철도 정책의 출발점이자 종착역이다. 이 적자를 줄이기 위해 부실을 초래한 원인인 독점을 깨고 경쟁을 도입하겠다고 한다. 하지만 이는 완벽한 오진이다. 따라서 제대로 된 처방이 나올 리 없다. 더 큰 문제는 이 오진이 의도된 오진이라는 점이다. 민영화라는 목표를 달성하기 위해 이미 짜놓은 각본의 일부에 불과하다. 하지만 이는 철도 정책 전체를 가로지르는 핵심 의제가 되어 버렸다. 잘못된 정책은 국토부의 청부를 받은 국책 연구원인 교통연구원이 전문가라는 명패를 달고 생산했고, 국토부 주변의 관변 단체와 학자들이 힘을 실었다. 절망의 카르텔이다. 이 절망의 카르텔이 이명박 정부에 이어 박근혜 정부까지 장악하고 있다.

재앙은 소리 없이 갑자기 다가오는 것 같지만 파괴력을 갖기까지는 많은 시간이 필요하다. 원인 없는 결과가 없듯이 지금 추진되는 정부의 철도 정책들이 쌓이고 쌓여 결과적으로는 거대한 고통으로 돌아올 수 있다. 도덕적으로 가장 깨끗한 정부임을 자임했던 이명박 정부의 사업 방식은 속임수였다. 이명박 정권이 끝나고 이루어진 4대강 사업의 감사원 감사 결과, 정부가 대운하 사업을 포기하겠다고 해놓고는 사실 극비리에 이를 추진했음이 밝혀졌다. 썩어 가는 강물과 신음하는 물고기들을 보더라도 정부 정책이 왜 투명하게 진행되어야 하는지 알 수 있다. 4대강에 이어 철도까지 망칠 순 없다.

고속철도·일반철도·도시철도 등 모든 궤도 산업의 민영화를 추진해 국가 기간망 철도를 외국자본에 완전히 개방하고 공공 철도 시스템을 무너뜨리기 위한 작업이 전방위적으로 진행된 사실의 실체가 드러났다. 수서발 KTX 민영화에 대한 시민적 반대에 부딪혀 주춤하는 듯했던 국토부는 철도공사가 가지고 있는 관제권과 역 시설 및 차량 기지를 환수하려 했다. 도대체 국토부가 이토록 끈질기게 이 정책을 밀어붙이는 까닭은 무엇일까? 2012년 9월 말 WTO 정부조달협정 협상안의 초안이 공개되고, 10월 5일 박원석 의원(당시 무소속)이 WTO 협상 관련 내용을 담은 보도 자료를 공개하면서 비로소 흩어져 있던 퍼즐이 맞춰졌다.

지난 2000년대 초반 IMF 위기를 겪은 후 정부 재정 부담을 줄이는 방안이 다각도로 모색되었다. 이때 강력하게 떠오른 대안이 막대한 재정이 들어가는 사회간접자본투자에 민간을 끌어들여 정부 재정 부담을 줄이는 것으로 이른바 민자 사업이라고 부르는 '민간투자 사업'이었다. 앞서도 살펴보았듯이, 1994년 〈사회간접자본시설에 대한 민간자본유치 촉진법〉이라는 이름으로 시작된 민자 사업은 IMF 구제금융 직후인 1998년 〈사회간접자본시설에 대한 민간투자법〉으로 전면 개정되고 이에 따라 민간투자가 기지개를 펴게 된다. 지지부진하던 민자 사업이 새롭게 활성화된 이유는 최소운영수입 보장제가 이때 도입되었기 때문이다. 최소운영수입 보장제는 민간투자자의 사업성을 보장하기 위해 사업 시행 전 예측된 수요에 미달할 경우 그 손실 부분을 보전해 주는 제도다. 그런데 이 제도는 우리가 익히 알고 있듯 민간 기업의 도덕적 해이를 극대화하는 장치로 변질된다.

이제 민자 사업은 밑 빠진 독에 세금을 붓는 항아리가 되었다. 또한 외국인 투자의 제한 규정을 없애고 투자 유치 시 자기자본 비율도 대폭 낮춤으로써 민자 사업의 새로운 국면이 열리게 된다. 또한 2002년에는 민간이 투자할 수 있는 사업 대상이 확대되고, 국공유지를 무상으로 임대해 주며, 지원금도 확대하는 개정안이 통과되어 민자 사업은 점점 더 매력적인 투자처가 되었다. 2005년, 현재의 법안 명칭인 〈사회기반시설에 대한 민간투자법〉으로 개정된 후 민자 사업은 도로, 철도 등 전통적인 사회간접자본뿐만 아니라 군부대, 학교, 세빛둥둥섬 같은 레저 및 문화시설까지 아우르는 한국 사회의 광범위한 사업 패턴으로 자리 잡는다.

〈민자사업법〉의 제정 이후 개정 과정은 기업의 사회적 책임이나 역할 같은 것은 무시된 채 철저하게 민간 자본의 이익을 극대화하는 방향으로 치달았다. 인프라 투융자 사업이 초고율의 이자소득을 보장하고 법인세를 회피하는 등의 각종 반사회적 행태가 선진 경영 기법으로 둔갑해 자리 잡았고, 프로젝트 파이낸싱이라는 투자금 유치 방법을 통해 실제 민간 자본은 최소의 투자로 무한한 이익을 얻을 수 있는 길을 닦았다. 이렇게 정권과 관련 부처, 업계가 하나가 되어 온 나라를 민영화가 지배하는 땅으로 만드는 작업이 오랜 시간 동안 진행되어 왔다. 결과적으로 공공의 이익을 구현해야 할 장치들이 이윤 논리가 지배하는 시스템으로 전환됐다. 전 방위적 민영화가 시민들도 모르는 사이에 시도된 것이다. 시민이 이를 눈치챈 것은 민자 사업이 지하철 9호선이나 용인경전철, 우면산 터널 등의 문제를 겪고 나서다.

이런 흐름 속에 2008년 비즈니스 프렌들리 이명박 정부가 탄생했다. 민자 사업과 같은 민영화가 경제를 살리는 원천이라고 믿는 정부가 출범한 것이다. 서울시장 시절 서울지하철 최초의 민자 사업인 9호선을 성공적으로 유치했던 이명박 정부가 취임 일성으로 약속한 것이 '공기업 선진화 계획'이다. 원래 '민영화'로 표현되었지만, 사회적 반대가 거세지자 대운하 사업을 4대강으로 개명하듯 민영화를 선진화로 바꾸었고, 이에 따라 공공 부분에 대한 민영화와 민자 사업이 급물살을 타기 시작했다. 이명박 정부는 2009년, 기획재정부를 통해 "정부 재정 지출 효율화를 위해 민간투자 사업을 계속 확장하겠다."고 발표했다. 민자 사업이야말로 기업 투자를 활성화하고 정부 재정을 줄이며 경제를 발전시키는 원동력이라는 시장 만능주의적 정책 기조를 강력하게 유지한 것이다.

철도 산업에 눈을 돌린 토건 마피아들의 커넥션

이명박 정부 출범 초기, 철도 산업은 효율화를 전제 조건으로 민영화 대상에서는 제외되었으나 집권 중반기를 넘어서면서 민영화를 위한 제반 여건들이 마련되었다. 특히 2010년은 철도 분야에 대한 민영화와 민자 사업을 가속화시킨 첫 해로 기록될 것이다. 그해 10월, 대우건설이 만든 "GREEN 고속철도 민간투자사업 사업제안서"가 제출되었다. 이명박 정부의 경제정책을 총괄한 강만수 씨가 은행장으로 있는 국책은행 산업은행이(대우건설의 최대주주이기도 하다) 고속철도 민영화 시 자금 조달을 맡는 안이 계획되었다. 동시에 민영화 전도사로 나선 국책 연구원인 한국교통연구원이 국토부의 용역을 받아 수행한 "철도 산업 발전 경쟁력 제고를 위한 연구 보고서"가 대우건설 보고서의 결론과 유사한 내용을 담아 두 달이라는 시차를 두고 제출되면서 수서발 KTX 민영화를 둘러싼 사회적 논란을 촉발시킨다. KTX 민영화를 위한 정부와 재벌의 동시다발 공격이 시작된 것이다.

이 시점에서 국토부가 한 일은 또 하나 있다. 바로 철도 산업 대외 개방이다. 이는 박원석 의원이 정부로부터 제출받은 문서를 통해 2012년 10월 5일, 공개되었다. 한국교통연구원의 용역 연구 보고서가 제출된 시기가 2010년 12월이고, 이달 3일 기획재정부 장관 주재로 열린 제97차 대외경제장관회의에서 국토해양부 장관이 'WTO 정부조달협정 개정 및 양허 확대 협상 3차 양허안'에 대해 수정 요청을 했다. 2006년 1차 양허안과 2007년 2차 양허안에는 없었던 철도시설공단과 그 사업 분야를 다룬 양허안이 협상 마감을 사흘 앞두고 전격 제시된 것이다. 그리고 이 안은 WTO에서 수정 없이 채택되었다. 당시 국토부 장관은 정종환이다. 4대강 사업의 전도

사이자 이명박 정권의 오른팔로 불리는 정종환 장관은 철도청장 시절인 2002년, 제1호 민자 철도 사업인 인천공항 철도 사업에 정부 측 협약 대표로 서명한 사람이다. 성공이 확실하다며 장밋빛 미래를 장담하던 인천공항철도는 터무니없는 수요예측으로 국민의 세금만 민간 자본에 쏟아붓고 철도공사에 떠넘겨지는 과정을 거쳤다. 이 과정의 산증인이 바로 그다.

국토부는 철도 운영과 밀접한 관련이 있는 시설 분야에 대한 관리권을 철도공사에서 철도시설공단으로 넘기려는 작업을 진행했다. 이를 위해 사용된 방식은 철도공사에 출자된 자산을 '감자'하는 것이었다. 이럴 경우 철도공사의 부채는 급등하게 된다. 역 시설과 차량 기지를 국토부가 철도공사로부터 환수할 경우 자본이 5조5천억 원 감소해 철도공사의 부채비율은 11년 말 기준 130퍼센트에서 385퍼센트로 증가하게 된다. 이명박 정부 들어 공기업 부채가 천정부지로 치솟았는데 정부가 발 벗고 나서 공기업을 부실화시키는 믿지 못할 일이 벌어진 것이다.

또한 이렇게 철도공사 자산을 환수하는 절차도 꼼수로 일관했다. 철도산업의 기본 골격을 다루고 있는 〈철도산업발전기본법〉에 명시된 바에 따르면, 운영 관련 자산은 철도공사가 책임지게 되어 있는데도 불구하고 이런 법 규정을 무시한 채 철도산업위원회라는 기구의 의결을 통해 그 책임을 철도시설공단에 이관시키려 한 것이다. 철도산업위원회는 국토해양부 장관을 위원장으로 하며, 관련 7개 부처 차관과 위촉직 위원을 포함해 25명으로 구성된 자문 기구다. 정부 쪽 위원을 빼더라도 이들 위촉직 위원 중에는 민영화에 우호적인 민간 기업 대표와 소비자 단체 대표 자격으로 녹색소비자연대와 소비자시민모임이 포함되어 있다. 하지만 이 두 시민 단체는 KTX 민간 운영을 촉구하는 성명서를 낼 정도로 정부 입장을 대변하는

〈그림 4-2〉 한국 철도 산업 민영화 추진 시나리오

2000년 이후
민자 사업의 확대를 위한 법 개정 등 사회적 환경 조성

2008년
이명박 정부 출범 이후 민영화, 민자 사업을 정부의 주요 산업 정책으로 가속화

2010년
○ 대우건설, 수서발 고속철도 및 수도권—속초(강릉) 간 철도 민영화 타당성 결과 발표 ○ 한국교통연구원, 국토부 용역으로 고속철도 민간 개방 추진안 발표 ○ WTO에 정부조달협정안 제출 과정에서 국토부 주도로 철도 산업 대외 개방 여건 마련

2011년
○ 국토부, KTX 요금 20퍼센트 인하 내세우며 수서발 KTX 민영화 추진 발표 ○ WTO 정부조달협정 막판에 전국 지하철 개방안 전격 추가, 2015년 전격 개방 약속

2012년
○ 국토부, 수서발 KTX 민영화 사업자 선정 절차 돌입, 전 사회적 반대로 일단 유보 후 광범위한 홍보전 시행 ○ 2015년 개통 예정으로 수서발 KTX 민영화 지속 추진 방침 발표 ○ 철도시설공단, 민영화 찬성 홍보비 지출 및 여론 조작 ○ 국토부, 철도공사 관할 역 시설 및 차량기지 등 환수 계획 발표, 국내외 자본에 개방 분야를 명시하고 시설 공단으로 운영권 이전 추진

2015년
○ 정부 의도대로 철도 산업 개편될 경우 KTX 민영화 완료 ○ 철도시설공단에 인수된 역사 및 차량기지 운영권 입찰, 국내외 자본에 개방 ○ 전국 지하철을 국내외 거대 자본에 개방 ○ 철도산업 전반에 대한 민영화 여건 조성 완료

단체이다. 게다가 KTX 민영화의 이론적 근거를 제공해 온 한국교통연구원 같은 기관의 대표가 포진해 있는 곳이 철도산업위원회다. 이런 위원회가 철도 정책을 자문한다는 것도 불행한 일이고, 단순 자문 기구를 나라의 중요한 정책을 제멋대로 의결하는 장치로 둔갑시킨 국토부의 행태 역시 참으로 졸렬하다.

철도공사의 자산을 철도시설공단으로 이관시키려는 이유는 2010년 협상 마감을 사흘 앞두고 급하게 수정한 WTO 협상과 밀접한 관련이 있다. 여기에 특별히 한국철도시설공단의 항목이 신설되고, 그 세부 내용으로 역사 등 제반 시설에 대한 개방안이 포함되어 있기 때문이다. 시설공단의 관할로 이관시켜 국내외 자본에 운영권을 넘겨주게 되는 순간 철도 산업 전반의 민간 개방은 완수되는 것이다. 어처구니없는 일은 고속철도 분야 개방 배제에 대한 주석이 뒤늦게 국토부 제안으로 추가되었는데, 이것은 협상안에 반영되지 않았다. 더 놀라운 사실은 2011년 양허안 협상 막바지에 무더기로 지방자치단체 관할 도시철도, 즉 현재 각 도시에서 운영되는 지하철이 포함된 것이다. 단 이 지하철 부분에 대한 협정 적용은 2015년까지 유예된다. 이제 퍼즐의 조각이 다 맞아 간다.

국토교통망 계획에 의해 건설되는 강원도권 등 많은 신설 철도는 민간투자 사업 방식으로 추진하는 것이 바람직하다는 게 그동안의 정부 입장이었다. 또한 철도공사의 시설 자산을 빼앗아 언제든지 국내외 자본에 개방할 수 있는 만반의 준비를 갖추게 되었다. 민간 개방하겠다는 수서발 KTX의 개통 시기는 2015년이다. 전국의 지하철에 WTO 정부조달협정이 적용되는 시점 또한 2015년이다. 이명박 정부와 국토부는 그동안 심혈을 기울여 추진했던 민영화 계획에 따라 2015년을 고속철도와 일반철도, 도시철도 할 것 없이 모든 철도 산업의 민영화를 촉진하는 원년으로 삼겠다는 것이다.

정부가 꿈꾸는 미래는 사회의 공익적 자산이 모두 사라지고 이윤이 최고의 가치인 민간 영역이 지배하는 사회인가? 국가 기간 철도망부터 신기술인 고속철도뿐만 아니라 시민의 발인 지하철까지 모두 팔아 넘겨 얻고자 하는 것은 무엇인가? 평범한 시민을 위한 나라는 불가능한 것인가?

민영화를 위한 사전 포석,
관제권 이관 시도

2011년 말, 경쟁 체제 도입이라는 명목으로 추진된 수서발 KTX 민영화는 우리 사회에 큰 파문을 던졌다. 졸속 추진 논란과 재벌 특혜 시비 등으로 전문가와 시민사회, 야당은 물론이고 대선을 치러야 하는 여당조차도 민영화 추진 반대 의사를 밝혔다.

그러나 국토부는 국민의 반대 여론을 무시하고 민영화를 실행시키기 위한 사전 정지 작업을 주도면밀하게 수행해 왔다. 그 가운데 대표적인 일이 바로 관제권 이관 시도다. 현재 철도공사가 갖고 있는 관제권을 환수해 철도시설공단으로 넘기겠다는 것이다. 철도시설공단은 KTX 민영화 논란이 한창일 때 직원들에게 민영화 찬성 댓글을 강요해서 물의를 빚었던 기관이다. 국토부 고위직 출신으로 낙하산 인사라는 비판을 받으며 철도시설공단

항공이 운행 경로에 대해 상대적 자율성이 있는 반면,
철도는 반드시 하나의 선로 위에 순차적으로 존재하고
이를 벗어날 수 없는 것이 중요한 차이점이다.
철도 전문가들은 철도를
기차와 선로와 신호가 하나인 시스템으로 이해해야 한다고 말한다.

일본 도쿄 도영 지하철 관제실(◁)과 한국 철도 종합관제실(▷)

철도 안전을 위해 관제권을 독립시켜야 한다는
국토부의 주장이 설득력을 가지려면,
세계 최고 수준의 정시 운행률과 무사고 운행을 자랑하는 일본 철도가
왜 관제권을 운영 기관이 갖고 있는지 납득시켜야 한다.

이사장이 된 김광재 씨는 공공연히 수서발 KTX 민간 경쟁 체제 도입의 필요성을 주장해 왔다.

이런 흐름에 발맞춰 철도시설공단은 "철도공단 장기 조직 검토"라는 보고서를 통해 철도공사로부터 인수받을 역사 및 시설 유지·보수 분야와 관제권을 관리할 조직을 신설하고, 이에 따라 인력을 충원하는 계획을 서둘러 마련했다. 이는 최근 프랑스에서 상하 분리에 따른 철도 안전의 위협과 폭증하는 비용의 문제를 해결하기 위해 철도공사와 시설공단이 통합된 추세와는 정반대의 길이다. 특히 관제 능력이란 오랜 기간의 숙련된 경험과 훈련이 필수적이라서 단순히 조직을 세운다고 되는 것이 아니다. 게다가 관제 업무를 시설공단이 담당하게 했던 일부 나라에서도 한국의 현 정부와 같이 하루아침에 폭력적으로 관제권을 이관시키려는 시도는 하지 않았다.

관제권이란 열차 운행 계획과 이에 따른 선로 배분, 현재 운행하는 열차의 제어 및 관리, 비상시 응급조치 등 사실상 철도 운영과 관련된 모든 것을 총체적으로 주관하는 핵심 기능이다. 열차 관제는 일반적으로 운영 기관이 수행하고 있으나, 민영화된 영국이나 유럽연합의 경우 경쟁 도입 지침에 따라 일부 국가에서만 시설 관리 기관이 맡고 있다. 유럽의 대표적인 철도 선진국인 프랑스나 철도 왕국이라 불리는 일본의 경우 모두 운영 기관이 관제권을 갖는다.

국토부 철도 정책 부서는 관제권을 회수하겠다며 항공의 예를 든다. 이들은 항공사가 관제를 하는 데가 어디 있냐며 항공처럼 독립된 기관이 관제권을 행사해야 한다고 말한다. 하지만 항공관제는 공항을 중심으로 이착륙을 유도하는 것이 관제의 핵심 기능이다. 제주공항에 접근하는 항공기의 관제를 인천공항에서 하지 않는다. 철도는 선로 위를 운행하는 모든 열차에 대해 종합관제실과 주고받는 신호를 중심으로 관제가 이루어진다. 물론 항공기도 항로 유도 신호인 초단파 전방향 무선표지시설Very-high-frequency OmniRange, VOR, 계기 착륙 장치Instrument Landing System, ILS, 활주로 경사 감지 장치Glide Slope, GS 등이 있다. 그러나 이것은 반드시 선로 위를 달리고 이 선로 점유 상태로부터 신호를 받는 철도의 신호 시스템과는 성격을 달리한다. 철도 관제는 종합적 열차 운행 계획에 따른 중앙 집중 제어식 관제와 지역적 특성에 특화된 로컬 관제 및 사고와 비상 상황에 대처하는 긴급 관제 등이 중층적이고 유기적으로 통합되어 이루어지는 시스템이다. 항공이 운행 경로에 대해 상대적 자율성이 있는 반면, 철도는 반드시 하나의 선로 위에 순차적으로 존재하고 이를 벗어날 수 없는 것이 중요한 차이점이다. 철도 전문가들은 철도의 경우 단순히 기차를 운행하는 게 아니라 기차와 선로와 신호가 하나인 시스템으로 이해해야 한다고 말한다. 철도 안전을 위해 관제권을 독립시켜야 한다는 국토부의 주장이 설득력을 가지려면 세계 최고 수준의 정시 운행률과 고속철도 무사고 운행을 자랑하는 일본 철도가 왜 관제권을 운영 기관이 갖고 있는지 납득시켜야 한다.

국토부가 추진하는 철도공사로부터의 관제권 환수는 경쟁 도입과 민영화를 위한 사전 정지 작업이라고밖에 할 수 없다. 철도공사로부터 관제권을 빼앗아 와야만 새롭게 진출하는 민간 철도 사업자에게 공정하게 선로를 배분할 수 있기 때문이다. 더구나 국토부의 관제권 환수를 위한 시행령 개정 방침은 철도공사를 영구적으로 관제권에서 배제하는 방식으로 추진되고 있는데, 이것은 민영화를 위한 대못을 박아 버리겠다는 심산이다. 국토부가 여러 가지 논리로 관제권 이관을 위한 〈철도산업발전기본법〉 시행령 개정을 추진하고 있지만 사실 현재의 시행령으로도 철도시설공단에 관제권을 맡길 수 있다. 시행령 50조에는 국토해양부 장관이 이를 한국철도시설공단이나 철도 운영자 중에 위탁할 수 있다고 명시되어 있다. 현재에도 시행규칙만 바꾸면 관제권을 조절할 수 있는데 안전 등을 명목으로 관제권 환수를 위한 시행령 개정을 운운하는 것은 시행령상에 있는 관제권 위탁 대상에서 한국철도공사를 아예 배제하기 위해서다.

국토부는 한국철도기술연구원에 "철도 교통관제 운영 개선 연구"라는 용역을 발주해서 자신들의 주장을 뒷받침하는 논리로 이용하려 하고 있다. 많은 정부 기관이나 민간 기업들이 연구 용역을 수행하고 있지만 그 가운데 일부는 정부 기관이 특정 목적을 달성하기 위한 수단으로 악용하고 있는 것이 공공연한 사실이다. 정부 기관이 직접 발표하기보다는 전문 연구 집단의 제3자적이며 객관적인 연구로 포장해 자신의 입장을 대변하도록 하는 것이다. 실증적 연구를 가장해 정부의 입장을 일방적으로 편드는 이런 연구 용역이 사회에 끼치는 해악은 심각하다.

특히 국토부는 관제권 관련 연구 용역을 발주하면서 과업 지시서를 통해 노골적으로 연구 결과를 유도했다. 과업 지시서란 용역 발주처가 용역 수행 기관에게 연구 용역의 목표와 지향점이 무엇인가를 제시하는 것이다. 용역 기관은 발주처가 제시하는 목표의 타당성과 근거를 마련하는 데 집중할 수밖에 없다. 국가 기간산업 관련 용역의 경우 객관성과 중립성이 무엇보다 중요하기에, 과업 지시서 역시 이런 관점에서 작성되어야 한다. 그러나 국토부는 민영화와 제2 사업자 진출을 염두에 두면서 자신들의 정책 방향인 '경쟁 체제 도입을 통한 민영화 토대 마련'이라는 결론을 이미 유도해 놓고 대통령 선거가 끝나기만을 기다렸다.

주목할 점은 이미 2007년에도 국토부(당시 건설교통부)가 현재 진행 중인 연구 용역과 같은 내용으로 똑같은 연구 기관에 용역을 발주한 바 있다는 사실이다. "철도 교통 관제 업무의 효율적 위탁 관리 방안 연구"라는 이름으로 진행된 2007년의 연구는 현재 진행되는 것과 유사한 동기와 목적으로 진행되었음에도 불구하고 제2 사업자가 진출하지 않는 조건에서는 철도공사가 관제권을 관리하는 게 가장 효과적이고 경제적이라고 밝혔다. 국토부는 보도 자료를 통해 관제권 이관 조치가 경쟁 체제 도입이 아니라 철도 안전을 위한 것이라고 주장하고 있지만, 이미 2007년 보고서에서도 시설 유지·보수와 선로 배분을 담당하고 있는 철도공사가 관제권을 행사하는 데 아무 문제가 없다고 명시하고 있다. 국토부는 불과 6년 전에 같은 기관이 같은 내용으로 수행한 연구 용역 결과를 정반대로 뒤집고 있는 것이다. 결국 국토부의 관제권 환수 조치는 철도 민영화의 기초를 만들어 놓겠다는 포석임을 알 수 있다.

국토부가 이토록 자신감을 갖고 철도 민영화의 사전 작업을 밀어붙인 이유는 무엇인가? 2012년 대선에서 새누리당의 집권 가능성이 높다는 확신 때문이었다. 박근혜 후보가 대통령에 당선되고 더 이상 득표를 위해 유권자들의 눈치를 볼 필요가 없어진다면 국토부는 마음 놓고 민영화를 밀어붙일 수 있다는 계산이 깔려 있었던 것이다. 이명박 정부 말기에 시도한 KTX 민영화가 레임덕 시기와 맞물려 추진력을 잃었다는 상황 판단하에 정권 초기의 새로운 힘으로 KTX 민영화를 속도전으로 완수하겠다는 것이 그 속내였다. 이를 위해 인수위원회 단계에서부터 KTX 민영화를 위한 청사진을 제시하고 사업자 선정 절차를 재개하는 등의 로드맵을 준비했다.

국토부는 야당이 대선에서 승리하더라도 철도공사로부터 관제권을 회수하게 되면 철도 민영화의 기초를 다질 수 있다는 판단하에 관제권 환수를 강력하게 밀어붙였다. 설사 민영화에 반대하는 야당이 당선되더라도 경쟁을 통한 효율화를 명목으로 제2철도공사론을 제기할 준비를 했던 것이다. 민영화를 잠시 미루더라도 제2공사를 설립하는 것으로 산하 기관을 늘려 자신들의 몸집을 불리는 것만으로도 소기의 목적을 달성할 수 있기 때문이다.

그러나 국토부의 과도한 밀어붙이기에도 불구하고 관제권 이관 추진은 잠시 중단된 상태다. 국토부는 정부 부처 내의 의견 조율 과정에서 합의를 이끌어 내지 못하고 시민사회와 노조의 반대가 거세지자 철도공사로부터의 관제권 환수를 수서발 KTX 민영화 이후의 과제로 미뤄 두었다. 수서발 KTX에 경쟁체제만 도입되면 관제권 이관의 근거와 타당성을 확보하게 되는 만큼 일단은 수서발 KTX를 철도공사로부터 분리시키는 데 모든 것을 걸고 있다.

속전속결 민영화

2011년 말, 이명박 정부가 바빠지기 시작했다. 1년 남짓 남은 임기 안에 처리해야 할 일이 쓰나미처럼 몰려오고 있었기 때문이다. 이명박 정부의 특징은 속전속결이다. 수십 년이 걸린다는 4대강 사업을 임기 내에 마무리 짓던 모습을 보라. 세계 최고의 공항으로 손꼽히는 인천공항을 효율화하겠다며 민영화를 추진했던 정부의 마지막 대형 카드는 고속철도 민영화였다. 서서히 군불을 피우던 고속철도의 분할 민영화 방침이 임기 말이 가까워지자 거침없는 속도로 추진되기 시작했다. 정부 출연 연구원인 한국교통연구원이 장밋빛 예측을 담은 보고서를 내놓고, 국토부 내 민영화 전도사들이 철도 정책 관련 부서에 전면 배치되면서 시민사회와 공동체에 대한 전투대형이 갖추어졌다.

민영화 추진 세력의 논리는 비효율적인 분야를 민간 경영을 통해 효율

〈표 4-2〉 년도별 PSO 미보상액 규모(단위: 억 원)

구분	2005년	2006년	2007년	2008년	2009년	2010년
실제 발생액	3,814	4,180	4,229	4,355	4,413	4,444
정부 지급액	3,000	3,486	2,850	2,661	2,706	2,931
실제 미지급액(A)	814	694	1,379	1,694	1,707	1,513

주: PSO(Public Service Obligation)란 국가정책 또는 공공 목적 등을 위해 정부가 보상하는 서비스(장애인, 노인 등의 운임 할인, 벽지 노선, 특수 목적 지원)

화해 국민에게 혜택을 주겠다는 것이다. 특히 철도의 경우 한국철도공사의 독점적 운영으로 비효율이 심각하니 경쟁 체제 도입을 통한 효율화가 반드시 필요하다는 분석이다. 언뜻 보면 상당히 타당한 지적처럼 보인다. 그러나 실상을 보면 가장 많은 수익이 발생하는 분야만 민간에 넘기자는 말과 같음을 알 수 있다.

현재 한국 철도는 고속철도 부문만 흑자를 내고 있고, 일반철도 분야는 적자 상태다. 그런데 이 일반철도의 적자는 정부의 공익 서비스 의무Public Service Obligation, PSO 보상 제도에 따른 보조금 미지급, 원가에 못 미치는 요금 등 다양한 원인이 있기에 일방적으로 비효율의 문제로 몰아붙여서는 안 된다.

〈표 4-2〉는 정부가 마땅히 보상해야 하는 공공 보조금인 PSO를 실제 발생액에 못 미치게 지급하고 있으며 갈수록 미지급액이 커지고 있음을 보여 준다. 민영화 추진 세력은 고속철도의 이익으로 적자인 일반철도를 보조하는 현재의 '교차 보조 형태'에서 경영 개선은 요원하다고 주장하고 있다. 하지만 전 세계적으로 철도와 같은 네트워크 산업은 교차 보조가 그 특징이다. 이것은 네트워크로 연결되어 있기 때문에 어느 한 부분의 성장이나 부실이 다른 부분까지 영향을 주기 때문이다. 만약 인간의 혈관 중 심장 동맥과 주요 정맥들이 중요하다고 모세혈관 같은 것들을 다 제거해 버린다

〈표 4-3〉 연도별 철도 요금 원가 보상률

구분	2005년	2006년	2007년	2008년	2009년	2010년
KTX	87.8	96.9	120.7	99.5	102.6	106.7
새마을호	55.6	57.6	54.5	48.4	54.9	56.8
무궁화호	56.4	52.5	49.4	44.7	47.1	48.6
전동차	98.5	87.1	97.9	91.1	86.7	87.5
총계	74.7	75.0	82.7	73.9	75.7	79.0

주:
○ 원가보상 법적 근거, 산정 기준 및 방법: 공공요금 산정 기준(기획재정부 2005년 1월), 철도 운임 산정 기준(국토해양부 2009년 7월)
○ 공공요금 원가 보상률(2010년 7월 기준): 도로 84.3퍼센트, 전기 91.5퍼센트, 도시가스 99.7퍼센트
○ 원가 보상률이란 수익(매출)을 원가(비용)로 나눈 값을 100을 기준으로 적절한 보상이 되었는지 판단할 수 있다. 표에 따르면, KTX를 제외한 모든 열차의 원가 보상률이 100이하로 그만큼 적자폭이 커질 수밖에 없음을 의미한다.

면 어떤 현상이 일어날 것인가?

정부는 새로 신설되는 수서-평택 간 고속철도 노선을 민간에 넘기자고 했는데, 이는 가장 알짜배기 노선으로 어느 민간 기업이 운영하든 수익이 보장된다. 민간이 수서-부산, 수서-목포의 경부축과 호남축 이익을 가져가는 만큼 한국철도공사의 수익성은 나빠질 것이다. 한국 철도의 수익성이 나빠지면 교차 보조로 유지되던 일반철도의 여러 부분(〈표 4-3〉은 KTX를 제외한 모든 열차가 원가에 못 미치는 요금 체계를 갖고 있고, 이것이 철도가 적자에 허덕이는 주요 원인 중 하나임을 보여 준다), 광역 전철이나 통근 열차, 지방 간선철도의 사정은 더 열악해지고 이용자들은 더 불편해지게 된다. 결국 철도 요금이 오르거나 비효율의 상징으로 전락해 폐지될 수밖에 없다.

지구온난화와 오일 피크 같은 전 지구적 문제 외에도 대기오염과 교통 혼잡비용 등 사회적 비용을 감안할 때 철도 교통은 수많은 선택지 가운데 하나가 아니라 미래 필수적인 대안 교통수단이다. 이것은 혈관처럼 전 국토의 균형 발전을 이루는 가장 기본적인 인프라가 될 것이다. 그럼에도 불구하고 일부 거대 기업의 수익을 위해 철도 노선의 노른자를 떼어 낸다는

것은 미래에 대한 전망도 사회에 대한 책임도 헌신짝처럼 버리겠다는 것이나 다름없다.

경쟁 체제라는 외피를 씌워 민영화를 추진하는 정책적 근거는 한국교통연구원의 전망에서 비롯된다. 그러나 한국교통연구원은 곡학아세의 전당, 청부 용역의 산실이라고 불릴 정도로 전과가 적지 않다. 수많은 민자 고속도로와 철도에 대한 한국교통연구원의 예측은 처참하게 빗나갔다. 실제로 용인 경전철 관련 수요예측 연구는 검찰의 수사 대상이 되기까지 했고, 이는 현재 용인시의 가장 큰 골칫거리로 전락한 사업이 됐다. 인천공항 철도만 해도 개통 후 실제 수요가 연구원이 예측한 수요의 7퍼센트에 불과한 터무니없는 결과가 나왔다. 이런 잘못된 예측은 민간 자본의 수익을 보전해 주기 위해 30년간의 계약 기간 동안 수십 조의 세금을 쏟아붓게 만들었다(그나마 인천공항 철도는 교통연구원과 민영화 추진 세력이 비효율의 원흉이라고 지적한 한국철도공사가 2009년에 떠맡아 7조 원이라는 예산을 절감할 수 있었다). 한국교통연구원은 이번에도 고속철도 분할 민영화가 화려한 미래를 보장해 준다는 예측을 내놓고 있으나 이들의 예측이 재앙으로 돌변해도 그 누구 하나 책임지지 않을 것이며, 정권의 속성상 책임질 사람도 남아 있지 않을 것이다.

공익과 사익을 구분하지 못하는 사람들이 빚어낸 정책들이 현실화된 뒤 피어나는 1퍼센트의 웃음 뒤에는 주요 기간산업인 철도 시스템의 몰락과, 비싼 요금과 세금을 헌납해야 하는 99퍼센트 국민의 눈물이 존재함을 잊지 말아야 한다.

누구를 위한 민영화인가

정권 출범 때부터 '비즈니스 프렌들리'를 선언하며 재벌 위주의 정책 수행을 공언해 왔던 이명박 정부는 임기 말 마지막 대형 선물을 마련했다. 특히 눈여겨 볼 점은 KTX 민영화 추진 사업 참여 의사를 밝혔던 대우건설이다. 대우건설의 사장은 TK-고려대 인맥으로 이명박의 측근인 서장욱 씨다. 또한 대우건설의 모기업으로 금융 지원 허가를 할 수 있는 산업은행장은 이명박의 최측근이자 경제 참모인 강만수 씨였다. 사정이 이러다 보니 여권 내부에서는 임기 말 대형 커넥션 의혹도 제기되었다. 그리고 박근혜 비대위 대표를 중심으로 한 한나라당도 최초로 정부 정책에 반기를 들고 이명박 정부와의 차별화를 선언했다. KTX 민영화를 두고 정부와 여야를 포함한 정치권이 대결하게 된 것이다.

물론, 이 같은 대립 구도의 배경에는 선거를 앞두고 나타난 시민사회의 민영화 반대 여론이 있었다. 시민들은 고속철도 20퍼센트 할인이라는 달콤한 미끼에 속아 넘어가지 않았던 것이다. 그러나 전 사회적 반대에도 불구하고 이명박 대통령은 포퓰리즘 운운하며 "올바른 일은 직을 걸고 수행하라"라고 다그쳤고, 국토부도 '정책 변경은 없다'며 국민과의 대결을 선언했다. 토건족의 요구에 맞춰 불량 예측을 반복해 온 한국교통연구원의 보고서를 금과옥조로 들고 나온 국토부 관료들과 이를 뒤에서 조종하는 이명박 정부의 속내는 무엇이었을까?

지난 2004년 철도 구조 개혁이라는 이름 아래 철도의 시설과 운영이 분리됐다. 기반 시설을 책임지는 철도시설공단과 열차를 운영하는 철도공사로 나뉜 것이다. 이 과정에서 철도공사는 고속철도 건설 관련 부채 4조5천억 원을 떠안았다. 그러나 새로 추진되는 민영 KTX는 이런 부담을 지지 않아도 되도록 설계되었다. 게다가 수조 원이 예상되는 차량 정비 기지와 차량 구입비도 리스 방식을 도입해 신규 사업 진입자의 부담을 최소화했다. 1편성당 330억 원에 이르는 고속열차를 사실상 렌트카로 쓰겠다는 것이다. 따라서 정비나 유지·보수 비용도 들지 않는다. 필수 인력 외에는 모두 연봉 2천만 원짜리 비정규직 일자리로 채우겠다는 계획도 마련했다. 이런 비정규직은 공항 출입국관리사무소가 연말에 문자로 해고를 통보했듯이 언제든지 새로운 인력으로 대체할 수 있다. 근속년수가 쌓일수록 보수를 올려줘야 하기 때문에 효율적 인력 운영을 원칙으로 내세운 민영 KTX는 용역업체에서 인력을 공급받게 될 것이다.

또한 20퍼센트 할인을 주장하는 교통연구원의 보고서는 민간사업자의 수익 극대화를 위해 정부의 요금 통제도 받지 말아야 한다고 주장했다("기존의 요금 정책과는 다른 원칙이 적용돼야 한다. 다시 말해 운임 정책의 자율화를 통한 수익 극대화 요금 체계가 확립되어야 한다. 정부로부터 통제받는 공공요금에서 완전히 제외되는 시스템으로의 전환을 정부에 요구해야 할 것이다.")("철도 산업 발전과 경쟁력 제고를 위한 연구", 한국교통연구원, 2010). 게다가 초기 자기자본 비율은 20퍼센트만 채우고 결국 80퍼센트의 비용은 금융기관의 빚으로 메울 수 있는 특혜까지 허락했다.

이는 과거 철도공사가 떠안았던 고속철도 건설 관련 운영 부채 같은 부담을 지지 않으려는 계산에서다. 이후 운송 사업을 통해 선로 사용료로 갚아 나가면 되기 때문이다. 이럴 경우 철도공사에 비해 최소 1조 원 이상의 부담을 덜게 된다. 40편성 이상의 KTX 차량 구입 비용 1조3천2백억 원을 리스로 대체하고, 2조 원 이상 드는 차량 정비창 및 영업 체계 구축 비용을 저가로 임대할 경우 어림잡아 4조 원 가까운 특혜가 주어진다. 또한 리스로 인한 차량 유지·보수비용과 시설 유지·보수 위탁에 따른 비용 절감 특혜가 연간 1천5백억 원 이상이다. 역무 시설의 임대로 생기는 절감 비용에 세후 11.7퍼센트를 보장한다는 KTX 운송 수익을 더하면 당장 5조 원에 이르는 선물을 재벌에 헌납하는 셈이었다. 여기에 신규 진입자의 원활한 사업 정착을 위해 선로 사용료 감면 이야기까지 나오는 상황에서 재벌들에게 정권 말 이보다 더 좋은 선물세트는 없었다. 1퍼센트에 속한 재벌에게는 천국의 열매를 쥐어 주려 했던 게 이명박 정권의 KTX 민영화 시도였던 것이다.

모회사와 경쟁하는 자회사

2013년 3월 11일, 새 정부의 신임 국토부 장관이 임명되었다. 이제 철도 정책은 박근혜 정부의 몫이 되었다. 이명박 정부의 임기 마지막 해였던 2012년 한 해는 수서발 KTX 민영화를 둘러싼 문제로 많은 사회적 갈등을 빚었다. 새로 출범하는 정부는 그동안 추진됐던 철도 정책이 갖는 문제가 무엇인지 심도 있게 분석하고 철도가 도약할 수 있는 발판을 마련해야 하는 과제도 안게 되었다. 그러나 서승환 신임 국토부 장관이 청문회 과정에서 밝힌 내용과 이에 따른 언론 보도 내용을 보면, 정부가 미래지향적 철도 발전 전망을 갖고 있는지 의심스럽다.

서승환 국토부 장관은 인사 청문회에서 KTX 민영화와 관련된 질문에 민영화 추진을 중단하겠다는 의사를 밝혔다. 그동안 철도를 둘러싼 사회적 갈

등을 해소하고 시민들의 의견을 존중하겠다는 새 정부의 입장으로 환영할 만한 일이다. 하지만 이어서 그는 현 체제도 문제가 있는 만큼 제3의 길을 추진하겠다고 덧붙였다. 현재 철도공사에 의해 독점적으로 운영되고 있는 체제를 문제 삼으며 철도의 부실이 경쟁의 부재에 있다는 진단에서 시작하는 논리다. 지난 십여 년간 철도 개혁이라는 이름 아래 민영화를 추진해 왔던 세력들이 일관되게 유지했던 입장이다. 이는 박근혜 정부의 철도 정책도 이명박 정부에서 추진했던 철도 정책의 연장선상에 있음을 보여 준다. 일부 언론은 벌써 제2의 사업자를 통한 경쟁 체제 도입을 기정사실화했다.

한국 철도가 여러 가지 문제점을 안고 있는 것은 사실이다. 그러나 더 심각한 일은 정부 정책 부서에서 문제의 원인을 진단하는 잣대가 협소하거나 한국 철도의 현실을 제대로 인식하지 못하고 있다는 것이다. 더 나아가 철도 현실을 왜곡하는 아전인수식 진단과 대안으로 사회적 갈등을 증폭시키고 있다.

지난 시기 이명박 정부가 추진했던 수서발 KTX 민간 경쟁 체제 도입은 두 가지 측면에서 문제가 있었다. 하나는 이 사회가 지향해야 할 가치의 문제로서 민영화 문제이다. 아무리 시장 만능주의가 대세라고 해도 한 사회의 지속 가능한 성장을 위해서 공공 부문이 갖는 중요성은 무시할 수 없다. 특히 사회기반시설인 철도를 공적으로 유지하는 일은 시민의 이동권 보장뿐만 아니라 시장경제를 안정적으로 유지하는 데도 매우 중요하다. 이런 사회적 자산을 일부 재벌과 외국 투기자본의 몫으로 넘기는 것은 소수의 이익을 위해 다수를 희생시키는 반사회적 정책이다.

다른 하나는 철도 산업이 발전 전망이 없다는 대전제에서 출발했다는 점이다. 이명박 정부의 안은 현재 한국 철도의 경영 부실이 경쟁의 부재로 인해 발생했다는 잘못된 판단에서 시작하고 있었다. 특히 국토부의 "경쟁만이 살 길이다"라는 논리는 그동안 누적되어 온 정부의 정책 오류까지 교묘하게 철도 운영 기관에 떠넘겨 버렸다. 하지만 역사적 맥락에 철도를 놓고 보면 얘기가 달라진다.

한 사회의 근간을 이루는 교통 시스템은 사회의 변화 과정과 밀접한 관계가 있다. 1800년대 하루 340여 편에 달했던 런던발 우편마차는 철도의 등장으로 사라졌다. 영국 주요 도시에서 운하를 이용한 화물 운송도 철도에 밀려 사라졌다. 세계 각국에서 철도가 등장한 이래 철도는 부설된 나라의 가장 중요한 교통수단이었고, 절대적인 수송 분담률을 기록했다. 그러나 자동차의 등장과 도로 교통의 발달로 철도는 사양화의 길을 걷게 됐고, 나라 전체에 깔린 선로와 역사를 지닌 이 거대한 사회적 장치는 돈 먹는 하마가 되었다. 이는 전 세계적 흐름이었고 한국도 예외가 아니었다. 이런 역사적 배경을 무시하고 경쟁을 하지 않아서 철도가 부실하다고 주장하는 것은 철도에 대한 무지를 드러내는 것밖에 되지 않는다. 도로 중심으로 교통체제가 전환된 현재, 철도에 아무리 경쟁을 도입한다 해도 더 큰 손실만 양산할 뿐이다. 이는 KTX가 개통되면서 국내선 항공편이 부진을 면치 못한 것이 항공사들 간의 경쟁이 부족하거나 갑자기 경영이 부실해진 때문이 아닌 것과 같다.

사양산업으로 몰려 애물단지가 되는 듯했던 철도를 기적적으로 환생시킨 것은 아이러니하게도 철도를 몰락시켰던 도로 교통이다. 한때 선진사회의 상징이었던 도로를 꽉 메운 자동차들은 심각한 사회적 문제가 되었고, 그 대안으로 철도가 소환되었다. 특히 유럽은 도로 교통보다 훨씬 많은 비용을 투자해서 철도의 수송 분담률을 높이는 노력을 아끼지 않았다.

언론 보도에 따르면, 국토부가 수서발 KTX를 코레일이 참여한 자회사에 맡긴다는 것은 한국공항공사와 인천국제공항공사, 서울 지하철의 서울메트로와 도시철도공사 같은 경쟁 체제를 도입하겠다는 뜻이다. 하지만 물리적 구조물로 형성된 네트워크가 아니기에 상대적으로 자유롭고 거점형으로 운영되는 공항 시스템을 철도 시스템과 비교하는 것은 어불성설이다.

과거 토지공사와 주택공사는 개혁의 대안으로 통합을 선택했다. 유사 기능과 중복 기능의 비효율을 통합을 통해 극복하기 위해서였다. 하물며 서울메트로와 도시철도공사는 유사 기능이 아니라 동일 기능을 담당한다. 모두가 서울에서 지하철을 운영하는 기관이다. 굳이 분할할 필요도 없을뿐더러 통합을 통한 시너지 효과도 다른 부문보다 훨씬 크다는 것이 전문가들의 견해다. 서울 지하철이 분리되었던 이유는 경제적인 것이 아니라 정치적인 것이었다. 당시 강성 노조로 이름을 떨치던 서울지하철공사 노조에 대한 견제책이었던 것이다.

더구나 이 두 기관은 경쟁하지 않는다. 요금도 동일하고 서비스 수준도 비슷하며 무엇보다 각 노선은 독자성을 갖고 있어 경쟁이 성립되지 않는다. 수유리에서 과천을 가는 시민은 서울메트로의 4호선을 타야 하고, 천호동에서 김포공항을 가는 승객은 도시철도공사의 5호선을 타야 한다. 경쟁의 전제인 선택권이 보장되지 않는 사례를 경쟁 사례라고 소개하는 것은 국민을 속이는 일이다.

현재 서울지하철의 발전을 고민하는 사람들은 두 서울지하철 운영 기관의 통합을 조심스럽게 제안하고 있다. 두 기관으로 나누어진 고위 경영진들의 자리가 줄어드는 만큼 비용이 절감되고 현장 인력 중심의 운영 기관으로 거듭날 수 있기 때문이다. 또한 2기 지하철인 도시철도공사의 경우 깊은 지하 심도만을 운행하는 노선이 많아 기관사들이 공황장애를 호소하는 등 많은 문제를 안고 있다. 양 기관의 통합을 통해 순환 근무 시스템을 만든다면 이 문제 역시 어느 정도 해소될 수 있을 것이다.

과거 국토부는 철도 공사를 하나 더 만드는 것은 비효율적인 공사를 하나 더 만드는 것일 뿐이라며 제2공사 설립을 통한 경쟁 체제 도입 계획을 부정한 바 있다. 그런데 제2공사와 다를 바 없는 자회사를 설립해 수서발 KTX 운영을 맡겨 경쟁을 통한 효율화를 도모하겠다는 국토부의 입장은 '민간 경쟁 체제'에서 '민간'이라는 두 글자만 지운 것으로 수서발 KTX가 갖는 여러 가지 특혜의 문제와 철도 정책의 부실성은 여전히 해소되지 않고 있다. 경쟁의 최소한의 전제는 공정성인데, 전국의 철도 운영을 책임지는 철도공사와 수익성이 보장된 고속철도만 운영하는 회사는 애초에 경쟁 상대가 되지 않는다. 철도에서 진정한 경쟁이 이루어지려면 똑같은 노선을 하나 더 건설해 두 운영 기관의 우열을 가리는 것인데, 천문학적인 철도 건설 비용을 생각한다면 말도 안 되는 발상이다. 자회사가 철도공사와 공정한 경쟁을 하려면 현재 철도공사가 운영하고 있는 일반철도의 적자 노선을 똑같이 나누어 운영하거나 적자선만 운영하는 또 다른 공사를 만들어야 한다. 철도 네트워크의 특성을 교란시키는 이런 체제가 효율적인 것인가?

자회사를 통한 경쟁 도입은 국토부가 그동안 민간 경쟁 체제 도입을 주장하면서 입에 침이 마르도록 비판한 비효율적인 공기업을 하나 더 만들겠다는 것이다. 이것은 한국도로공사를 효율화하겠다며 똑같은 기능을 하는 도로공사 하나를 더 만드는 것과 같다. 추진 과정과 운영 과정에서 발생하는 일은 중복 투자에 따른 예산 낭비, 기관 간의 갈등과 책임 떠넘기기 등 무엇 하나 국민들에게 이로울 게 없는 구조다.

정부는 수서발 KTX 노선이 왜 계획되었는지 초심으로 돌아가 되새겨 봐야 한다. 한국 철도의 비효율이 가중된 이유 중 하나는 수도권 중심의 철도 네트워크에 있다. KTX 수익의 80퍼센트, 수송량의 70퍼센트가 수도권 이용객이다. 일본의 여러 고속철도 노선 중 하나인 도카이도 신칸센東海道 新幹線 노선만 해도 도쿄-나고야-오사카라는 거점 대도시를 운행하면서 각각의 도시들이 품고 있는 일반철도 노선 이용객들을 흡수하고 있다. 하루 이용객만 해도 40만 명이 넘어 한국 고속철도 전체 이용객의 4배에 육박하는 수준이다. 독일의 베를린-프랑크푸르트 노선이나 이와 유사한 유럽의 도시 간 고속 노선도 적절하게 이용객이 분산되어 있다.

그러나 한국 철도는 수도권 집중으로 인해 서울-금천 구간의 고속선과 일반선이 만나는 지점의 선로 포화상태로 제 기능을 못하고 있는 실정이다. 이 병목 구간으로 인해 늘어나는 고속열차의 승객을 감당할 수 없어 통로마다 입석으로 가득 찬 KTX가 달린다. 일반열차를 이용하는 승객들도 일반열차의 운행 편수가 대폭 줄어 불만이다. 또 수도권으로부터 연결되어야 탑승률이 높아지는 호남선, 전라선, 장항선 등의 비수익 노선도 선로 용량 한계로 열차 편수를 늘릴 수 없고, 이것은 열차 이용의 편의성을 떨어뜨려 열차 이용을 외면하게 하는 악순환이 계속되고 있다. 이런 문제를 해결하기 위해서 여러 가지 대안을 찾다가 최종 선택된 방안이 수서-평택 고속철도 노선을 신설해 체증 구간을 우회함으로써 철도의 선로 용량을 대폭 확대하는 안이었다. 서울 동남부와 수도권 동부 지역의 철도 이용을 확대하고 서울역으로 집중된 승객을 분산하게 되면 한국 철도의 고질적 문제인 열차 좌석 공급 부족이 상당 부분 해소될 수 있기 때문이다.

따라서 수서-평택 노선은 한국의 사회적·역사적 특성 때문에 기형적으

〈그림 4-3〉경부선과 호남선 고속철도와 일반철도망

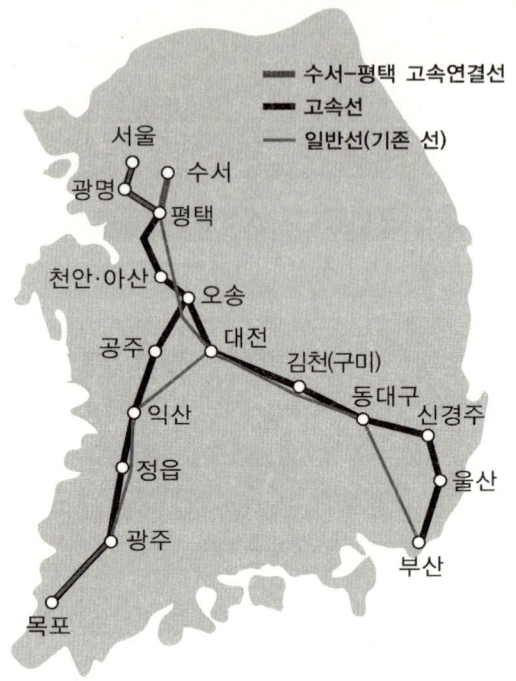

주: 수서-평택 노선과 호남 고속선은 2015년 완공 예정.

로 발달한 한국 철도가 자기 완결성을 가질 수 있도록 하는 중요한 전환점이 된다. 수서-평택 노선으로 선로 용량의 여유가 생기면 그동안 답보 상태에 빠졌던 일반철도 노선의 준고속화 사업도 탄력을 받을 수 있다. 현재 시속 140킬로미터가 최고인 서울-대전 구간의 새마을호나 무궁화호의 일반열차 운행 시간은 1시간 55분 정도 걸리는데, 이것을 시속 180~200킬로미터 정도로 올리면 1시간 20분 내외로 운행할 수 있다. 1시간 정도 걸리는 KTX보다는 느리지만 150~200킬로미터 이내의 중·단거리 노선은 일반열차를 이용해도 빠르고 쾌적하게 이동할 수 있게 되는 것이다. 이것은 KTX의 좌석 보유율을 높여 쾌적한 장거리 여행을 보장하는 데도 도움이 된다. 한국 철도가 낙후된 일반철도와 고급형 고속철도로 분리되고 소득수준에 따른 차별적 열차 선택이 아니라 열차의 기능과 용도에 따른 철도 선진국형 이용 체제로 전환하는 계기가 될 수 있는 시점이다. 철도에 대한 사회적 인식의 부재와 정부의 도로 중심 교통정책, 선로 용량의 한계로 인한 열차 운용의 탄력성 부족을 극복하고 이제야 철도 운영의 본모습을 찾을 수 있는 단계에 와있다. 식민지 철도로 시작한 한국 철도가 비로소 제 역할을 할 수 있게 된 것이다.

분명히 밝히고 싶은 것은 두 고속철도 운영사 체제로 나누기에 한국 철도의 노선은 그 규모가 너무도 협소하다는 사실이다. 철도가 규모의 경제를 달성하고 네트워크의 유기적 완결성을 유지하기 위해서는 최소한 4, 5천 킬로미터의 운영 노선을 가져야 한다. 그러나 3천5백여 킬로미터에 불과한 한국 철도를 경쟁을 빌미로 잘게 쪼개는 것은 국가의 장기적 발전 전망에 비추어 보아도 부적절하다.

특히 자회사 추진이 문제가 되는 이유 중 하나는 앞으로 신설될 노선들에서 광범위한 민영화를 도입하는 지렛대가 될 수 있다는 데 있다. 2011년 국토부가 밝힌 제2차 철도산업발전기본계획에 따르면 2011년부터 2015년까지 5년간 철도에 투자될 예산은 49조4천억 원으로 4대강 예산 22조 원의 두 배가 훨씬 넘는 규모. 평창 동계올림픽을 대비해 강원권 노선을 비롯한 많은 철도 노선도 신설될 계획인데, 이 노선들에 대한 민간투자 사업 도입이나 운영권 임대를 통한 민영화는 진작부터 고려되어 왔다. 이명박 정부 시절 무리하게 추진하다 제동이 걸린 관제권 회수 시도도 자회사가 설립되면 공정 경쟁을 이유로 손쉽게 성사시킬 수 있다.

　지금 한국 철도에 필요한 것은 잘못된 진단을 근거로 한 경쟁 체제의 도입이 아니라 철도 네트워크가 철도 안에서 그리고 다른 교통수단과의 조화를 통해 우리 사회에 기여할 수 있는 방안을 찾는 것이다. 자회사 설립으로 얻는 이익은 국토부 산하 기관이 늘어나 신임 사장 자리를 비롯한 고위 관료들의 퇴직 후 일자리와 정치인들의 영전 자리가 늘어나는 것 외에는 없어 보인다.

국토부의 거짓말

국토부, 그들의 꿈은 우리와 다르다

2012년, 모든 정치적 이슈가 대선이라는 블랙홀로 빠져들고 있을 때의 일이다. 이명박 정부에서 토건 왕국 대한민국의 완성을 위해 4대강을 콘크리트로 뒤덮는 데 성공한 국토부는 철도로 눈을 돌렸다. 국토해양부 장관을 위원장으로 한 철도산업위원회가 서면 심사에서 2012년 10월 5일까지 철도공사가 소유하고 있는 역과 차량 기지 등을 회수하기로 결정한다. 민영화의 물꼬를 트겠다는 속셈에서였다. 하지만 수서발 KTX 민영화는 곧 전 국민적 반대에 부딪힌다. 그러자 국토부가 선택한 방법이 우회 전략이다. 국토부의 표현을 따르자면, '경쟁 체제' 도입을 위한 정지 작업, 환경 조성이다.

지난 2004년, 한국 철도는 국토부의 철도 구조 개혁에 따라 시설 부분과 운영 부분이 분리되었다. 이에 따라 한국철도시설공단이 철도의 건설 등 시설 부분을 책임지고, 한국철도공사가 운영 부분을 책임지게 되었는데, 이것이 이른바 철도 산업의 상하 분리 정책이다. 국토부는 당시 이런 상하 분리가 세계적인 추세라고 주장했다. 시설과 운영을 분리하는 중요한 이유 중 하나는, 거대 장치산업인 철도 산업이 시설 부분의 재정을 부담할 때 운영 부분의 수익으로 적자를 극복하기 힘들기 때문이다. 운영이 시작되기도 전에 천문학적인 건설비가 들어가야 하고, 또 이를 유지하는 비용도 만만치 않은 산업의 특성상 운영 부분의 회계를 명확히 해 철도 운송 사업이 과도한 재정적 부담을 지지 않게 하기 위한 방책인 것이다. 국토부는 국가가 건설을 책임져 운영 기관의 부담을 줄여 줌으로써 철도공사가 만성 적자에서 벗어날 수 있게 하겠다는 논리를 폈다.

그러나 국토부의 확언과 달리 현재 건설 부분의 부채는 선로 사용료라는 명목으로 고스란히 운영 기관인 철도공사에 전가되고 있다. 국토부가 선호하는 세계적 추세에 따르면, 시설과 운영을 분리할 때 많은 나라들은 운영 부분의 부담을 줄이고 경쟁력을 키우기 위해 선로 사용료를 몇 년간 면제하거나(네덜란드) 대폭 할인함으로써(프랑스·독일·스웨덴) 시설 부분에서 발생하는 과도한 비용 부담을 줄여 주었다. 과거 국토부의 전신인 건설교통부에서 시행한 용역 결과에서도 선로 사용료의 면제와 할인이 철도 운영 기관의 중요한 자립 기반이라고 밝히고 있다. 그러나 국토부는 시설 부분을 국가가 책임진다는 약속을 저버리고 세계 최고의 선로 사용료를 부담시켜 운영 부분에 과도한 부담을 주고 있다.

결국 이런 현실은 운영 기관이 마치 부실 경영의 늪에서 빠져 나오지 못하는 것처럼 보이게 하고, 민영화를 통한 효율화가 대안인 것처럼 선전하기에 좋은 모양새를 만들어 준다. 이제 민영화는 효율적인 민간 경영을 통한 경영 개선이라는 과거의 고전적인 패러다임과는 전혀 다른 양상으로 흘러가고 있다. 자본의 국경이 사라진 자유무역 시장에서 민영화는 토건 자본과 금융자본이 결합해 이루어지는 양상을 보이고 있고, 이들 자본의 구성에서 국적 따위는 아무 문제가 되지 않는 시대가 되었다. 공공 부문일지라도 거대 자본이 진출해 경영권을 행사하고 그 과정에서 이익을 창출하면 되고(예를 들어 지하철 9호선), 설혹 손해가 나더라도 매각 차익을 챙겨 사업에서 철수하고 손실은 사회에 전가시키면 되는(예를 들어, 인천공항 철도) 보기 드문 안전한 사업 대상이 바로 민영화이다.

국토부가 과거부터 현재까지 지속적으로 사활을 걸고 추진 중인 철도공사 소유의 역 시설, 차량 기지 등의 환수는 무엇을 의미하나? 철도공사의 사업 영역을 기능적으로 분리하고 핵심적인 사업 부분을 무력화해 사실상 민영화의 수순을 밟기 위한 것이다. 전 세계 철도 대부분은 운송 사업자가 역사 및 차량 기지 등의 운영 자산을 소유하고 있다. 이런 운영 자산을 빼앗으면 철도공사는 단순히 열차 운행만 담당하는 것으로 역할이 축소된다.

이를 위해 국토부는 2011년 외교통상부가 참여한 WTO 정부조달협정에서 역 시설의 운영을 포함한 철도시설공단의 사업 영역을 개방 대상에 포함시켰다. 철도공사 소유의 역을 빼앗아 시설공단으로 넘기면 시설공단에서는 입찰을 통해 역이나 차량 기지 운영권을 국내외 자본에 넘길 수 있다. 몇 가지 입찰 절차만 거치면 아주 간단하게 경영권이 넘어간다.

지난 2000년대 초반부터 유럽 및 일본의 철도 선진국들은 한국 철도의 전면 개방을 끈질기게 요구해 왔다. 김대중 정부가 등장함에 따라 남북 화해 모드가 형성되고 철도가 연결되면 이 철도가 결국 중국이나 러시아 철도와 연결되리라 예상했기 때문이다. 대륙 철도로의 진출을 염두에 둘 때 한국 철도는 매력적인 투자 대상이었다.

이런 상황에서 철도 개방을 억제해 왔던 기조가 철도 정책을 담당하는 부서의 주도로 완전히 무너지고 개방체제로 변화했다. 이미 2012년 3월에 협상이 완료되어 국회 비준을 앞두고 있었는데도 번역이 끝나지 않았다며 제대로 된 정본 번역문조차 공개되지 않았던 WTO 정부조달협정문 가운데 특이한 점은, 철도 분야의 경우 구체적인 사업 분야까지 미리 제시하면서 이를 개방하겠다고 밝혔다는 것이다. 이렇게 이례적인 내용을 담은 WTO 정부조달협정이 작성된 시기는 2011년으로, 이는 정부와 국토부가 수서발 KTX 민영화를 추진한 시기와 맞물린다. 이명박 정부의 방침은 철도 산업에 대한 전면적 민영화를 전제로 철도 정책을 추진하겠다는 것이었다. WTO 협정문 부속서 3에 대한 주석은 한국철도시설공단의 조달과 관련한 내용으로, 여기에는 일반철도 시설의 건설 및 조달, 일반철도 설계를 포함한 엔지니어링 서비스, 일반철도 시설의 감독, 일반철도 시설의 경영이 포함되어 철도 산업 전반에 대한 개방을 약속했다.

여기서 특히 주목할 점은 한국철도시설공단이다. 시설공단은 국토부의 2중대라는 소리를 들으며 거액의 홍보비와 댓글 강요 등의 수법까지 동원해 가며 KTX 민영화에 앞장서 온 정부 산하 기관이다. 이런 기관이 한국철도공사로부터 역 시설 및 차량 기지 등을 이관받아 그 사업 영역을 모두 개방하겠다는 것이다. 결국 국가의 주요 자산이자 중요한 철도 운영 장치들을 빼앗아 민영화 대상으로 만들겠다는 것이다. 한국의 철도 산업은 이제 막 기지개를 켜고 새롭게 도약하는 단계인데, 국토부의 이런 조치는 결과적으로 이를 가로막는 걸림돌이 될 것이다.

사실 경영 수지 개선을 위해 역사와 같은 시설을 철도공사가 운영하도록 장려한 것이 바로 국토부였다. 철도청 시절, 공사로의 전환을 반대하는 사람들에게 그들이 했던 주장은, 정부 기관이기에 영리사업을 할 수 없어 적자가 쌓이니 공사로 전환해 역사를 이용한 부대사업을 통해 경영 수지를 개선하는 것이 바람직하다는 것이었다. 그런데 이제 와서 역은 철도 시설이기에 철도 운영 기관인 철도공사가 맡으면 안 되고 시설공단으로 이관해야 한다고 주장하고 있다.

철도 시설 중에도 역이나 차량 기지는 철도운송과 밀접한 관련이 있다. 열차가 정차하는 위치조차 역사의 에스컬레이터 가동 위치나 승객들의 이동 동선을 고려해 조정되고 역사의 개량 공사나 확장 공사를 할 때에도 이용자들의 안전 등을 염두에 두고 열차 운행 선로나 도착 승강장이 변경된다. 역의 매표구나 상업 시설의 배치 등도 승객의 이용 편의성과 유사시 안전을 고려해 운영 기관이 관리하는 것이 필수적이다. 철도차량이 정비되는 차량 기지는 말할 필요도 없다. 차량 정비의 작업 공정 자체가 차량 기지의 시설 설비와 맞물려 돌아가게 되어 있고, 이런 시설은 새로운 차량의 도입이나 환경 변화에 따라 수시로 변화할 수 있다. 세계의 모든 철도 운영 기관이 역과 정비 기지와 운송 시스템의 조화를 기본으로 하고 있다는 사실을 국토부만 모른 체하고 있는 것이다. 이는 민간 회사가 편하게 입찰해서 운영권을 가져갈 수 있도록 토막 내고 절단하려는 속셈에서 나온 제안이다.

국토부 선전의 진실

한국 사회에서 현직에 있던 고위직 공무원이 퇴직 후 자신이 몸담았던 부처의 산하 기관이나 거대 로펌, 관련 협회, 사기업의 요직으로 진출하는 일은 비일비재하다. 이들은 이를 통해 정년 자체가 없는 일자리를 보장받는다. 이사나 감사, 사장 등 이들이 진출하는 곳은 헤아릴 수 없을 정도다. 이들은 현직에 있는 후배 고위 관료들에게 줄을 대고 로비를 한다. 현직에 있는 공무원들도 선배들의 모습을 보면서 똑같은 행태를 되풀이한다. 누이 좋고 매부 좋은 카르텔이 자연스럽게 형성되고, 이 과정에서 국민의 세금은 줄줄이 새나간다. 승진과 발탁이라는 여과 과정 속에서 형성된 그들만의 리그 안에서 국민을 속이는 거짓말쯤은 예삿일이다.

2012년 5월 9일자 일간지에 "KTX 민영화 여론 역풍에 멈춰 설 듯"이라는 보도가 나가자마자 국토부는 적극적으로 해명에 나서며 민영화 추진 중단 의사가 없음을 분명히 했다. 그러나 2015년 개통을 위해 하루 빨리 사업자 선정이 이루어져야 한다며 2012년 초부터 강력하게 민영화안을 밀어붙이던 국토부의 발걸음이 주춤해졌던 것은 사실이다. 국토부는 일방적으로 밀어붙였다는 비난을 잠재우고 국민 의견을 수렴한다는 명분을 쌓기 위해 전방위적으로 나서는 모양새를 취했다.

국토부는 2011년 말 본격적인 민영화 추진 초기부터 준비 부족에 따른 여론의 역풍으로 소위 경쟁 체제를 통한 철도 효율화의 진면목을 국민에게 제대로 알리지 못했다는 판단에 따라 철도 민영화의 필요성에 대한 대대적인 선전을 펼쳤다. 지하철 안내 전광판이나 고속도로·국도의 교통 안내판에도 20퍼센트 요금 할인을 내세우며 KTX 민영화가 국민을 위해 꼭 필요한

〈그림 4-4〉 국토부 홈페이지에 게재된 KTX 민영화 선전

정책이라고 선전했다. 그러나 문제는 국토부가 밝히고 있는 선전 내용의 상당수가 사실을 악의적으로 왜곡하거나 거짓으로 점철되어 있다는 데 있다.

정부가 자신의 정책을 국민에게 알리는 것은 당연하다. 그러나 최소한 지켜야 할 도리가 있으니 그것은 진실을 말해야 하는 것이다. 사실관계를 왜곡하거나 성과를 부풀리고 문제를 축소할 때 나중에 이로 인해 발생하는 모든 문제는 결국 국민의 몫이 된다.

국토부는 홈페이지 선전을 통해 수서발 KTX가 민영화될 경우 현재 철도공사의 요금보다 1만5천 원이 싸진다고 주장했다. 아마도 시·종착역인 서울-부산 구간을 예로 든 것 같은데, 2012년 5월 현재 서울-부산 간 KTX 평일 요금이 5만3,300원이다. 여기서 1만5천 원을 할인하면 3만8,300원이다. 할인율이 28퍼센트가 넘는다. 그런데 국토부는 이처럼 초기에는 20퍼센트 요금 할인을 주장하다가, 입찰에 참가하는 민간 기업에 공모 기준으로 제시한 사업 제안서에서는 슬그머니 10퍼센트 할인 기준에 참여 업체가 1퍼센트 인하를 제시할 때마다 10점씩 15퍼센트 한계까지 최대 50점의 가산점을 주는 방식으로 바꿔 버렸다. 이렇게 되면, 사업에 진출하겠다고 나서는 민간 기업들이 최고 수준인 15퍼센트를 할인해도 7,995원만을 할인할 수 있을 뿐이다. 사업 제안서에 근거해도 불가능한 액수를 버젓이 홈페이지에 올려놓고 국민을 속이는 이유는 무엇인가? 이처럼 30퍼센트에 가까운 할인액에 운송 수입 대비 최소 40퍼센트의 선로 사용료로 연간 4~5천억 원을 민간사업자로부터 받겠다고 한다. 하지만 이는 사업 제안서에서 밝히고 있는 예상 이용객 수를 1백 퍼센트 충족시킨다 해도 불가능한 수치다. 이 사업 제안서의 예측 수요는 한국교통연구원의 예측 수치다.

그렇다면 실제로 따져 보자. 2011년 철도공사가 제공한 좌석 공급량은

15만4천 석 정도로 1조3천억 원의 운송 수입을 올렸다. 사업 제안서에 나와 있는 수서발 KTX의 편도 1일 운행 횟수는 51회를 기준으로 하고 있다. 운행 횟수 전체를 만석으로 다 채워도 6만3천 석 정도인데 이 경우 예상 수익은 5천6백억 원 정도에 불과하다. 이에 따라 민간 기업이 낼 수 있는 선로 사용료는 정부가 주장하는 4, 5천억이 아니라 그 절반 수준인 2천5백억에도 미치지 못한다. 선로 사용료를 높게 매겨 건설 부채를 갚는다는 정부안은 불가능하다.

또 정부의 사업 제안서는 수서발 경부선과 호남선의 운행 횟수를 각각 27회와 24회로 대등하게 잡고 있는데, 현재 유일한 흑자를 기록하고 있는 경부선에 비해 호남선은 이용객이 절반에 불과하다. 수서발 KTX가 정부의 예측 수요를 확보하기 위해서는 호남선 승객이 폭발적으로 증가해야 한다.

더군다나 코레일이 여수·순천·광양 등의 전라선 지역에서도 일반선과의 호환성을 이용해 고속철도 수요를 감당하는 데 비해 수서발 KTX는 오직 광주와 목포를 기점으로 한 호남선 이용객만 유치할 수 있다. 향후 인구 동향을 보면 한국의 인구 증가 추세는 정체를 지나 하락세로 진입할 것이라는 게 전문 연구 기관의 분석이다. 게다가 지방분권화의 수준도 미미한 상황에서 수서발 호남선의 이용객이 경부선 이용객 수준으로 증가한다는 분석은 수서발 KTX 민영화안에 꿰맞추기 위한 비상식적 전망이다. 결국 이를 만회하기 위해서는 코레일이 운영하는 서울역발 경부선 운행 편수를 줄여 민영 회사에 배분하는 방법밖에는 없다. 이것이 정부가 말하는 공정한 경쟁이고 경쟁을 통한 효율화인가?

국토부가 자행하는 심각한 왜곡은 항공사와의 요금 비교에서도 잘 나타난다. 항공 요금은 운임과 유류 할증료와 공항 이용료가 모두 이용자의 몫

〈표 4-4〉 국토부 홈페이지에 제시된 항공 요금과 고속열차 요금(2012년 5월 현재)(단위: 원)

구분		서울-부산	서울-광주
항공	대한항공	61,120~64,710	54,900~62,900
	아시아나	60,660~67,400	54,900~63~400
	부산에어	52,400~64,000	-
KTX	특실	80,200	55,600
	일반	57,300	39,700

자료: 국토부 홈페이지

〈표 4-5〉 실제 서울-부산 간 항공 요금과 KTX 요금 비교(단위: 원)

주중 항공 이용비	81,800
주중 KTX 이용비	53,300
주말 항공 이용비	91,300
주말 KTX 이용비	57,300

자료: 대한항공과 코레일 홈페이지

이 되기 때문에 항공사가 제시한 기준 운임만 제시해서는 안 된다. 그러나 국토부는 이런 사실을 숨긴 채 운임만 단순 비교해 항공사의 요금과 KTX 요금이 별 차이가 없는 것처럼 선전하고 있다. 게다가 항공 요금은 상대적으로 값이 싼 주중 표준 운임을 적용했고, KTX의 경우는 요금이 가장 높은 주말 할증 요금으로 제시하고 있다.

  그렇다면 서울-부산 간 항공사와 KTX의 요금은 실제로 얼마나 차이가 날까? 대한항공 홈페이지와 철도공사 홈페이지에 가서 각각 주중과 주말의 같은 시간대 표를 예약해 보았다. 〈표 4-5〉는 국토부가 홈페이지에 게시한 것과는 전혀 다른 결과를 보여 준다. KTX 요금이 항공요금과 별 차이 없다는 국토부의 선전과 달리 KTX 요금은 항공요금의 62~65퍼센트 수준에 불과하다. 정부의 발표라면 일단 신뢰할 수 있다고 생각하는 시민들을 교묘히 속이고 있는 것이다.

현재 국토부를 앞세워 정부가 추진하고 있는 KTX 민영화의 모습도 별반 다르지 않다. 얼마나 자신이 없으면 금방 탄로 날 거짓말로 국민을 속이려 드는가? 이런 정부와 관료에게 국가 기간산업의 운명을 맡겨도 좋은 것인가? KTX 민영화를 막는 것만이 문제가 아니다. 아무런 거리낌도 없이 국민을 기만하는 관료 시스템을 개혁하지 않고서는 우리의 미래도 없다.

철도 적자의 주범

2013년 새해가 밝아 오고 대통령직 인수위원회가 새 정부 출범을 준비하기 위해 활발히 활동하던 시점, 국토부가 철도 적자의 심각성에 대한 보도 자료를 배포했다. 많은 언론이 이 내용을 그대로 실어 날랐다. "코레일 경영 부실 심각, 7년 연속 1조 원대 적자." 수서발 KTX 민영화를 추진하는 국토부 입장에서는 철도의 부실을 부각시킬수록 자신들의 민영화 추진 논리가 지지를 받을 수 있다고 판단한 듯했다. 그러나 국토부 보도 자료 내용은 사실관계를 심각하게 왜곡하거나 자신들의 정책 실패를 운영 기관에 떠넘기면서 교묘하게 은폐하고 있다.

사실 철도 적자 문제는 어제 오늘의 문제가 아니다. 매년 대통령 업무 보고나 정권 교체 시기의 인수위원회에 한 번도 거르지 않고 제기되는 단골 메뉴다. 철도 적자의 문제가 얼마나 오래됐는지는 지난 자료에서도 확인된다. 1975년 『동아일보』 6월 30일자 기사를 보면, 철도가 연간 2백억이 넘는 적자에 허덕이고 있으며, 철도 적자가 세계적인 현상이긴 하지만, 외국과 달리 정부 보조나 지원이 없는 상황에서 요금 인상이라는 미봉책으로 이 문제를 해결하려 하고 있다고 비판한다. 또 그로부터 7년 뒤인 1982년 7월 24일자 같은 신문에도 1,298억 원의 만성적인 재정 적자 문제를 전두환 대통령에게 보고했다는 기사가 실렸다. 1970년대나 1980년대에도 철도는 엄청난 적자를 안고 있었던 것이다. 이런 수십 년간의 적자 구조를 정부 당국은 경영 부실이라는 한마디로 정리한다. 하지만 정부 정책에 따라 일관되게 관리된 철도가 경영 부실이라면 먼저 정부 정책이 비판의 대상이 되어야 하는 것이 아닐까?

국토부는 "2011년 코레일 경영성적 보고서"를 분석하면서 실질 적자액이 8,303억 원이라 밝혔다. 적자면 적자지 실질 적자라는 것은 무엇인가? 이미 법적으로 보장된 철도의 공익 서비스 제공 의무PSO 보상비를 제외시키지 않은 액수를 말한다. 세계 어디서나 정부가 의무적으로 지출하고 있는 PSO 보상비용까지 적자로 탈바꿈시킨 것이다. 노약자·장애인 할인이나 지방 벽지 노선 운영에 따른 비용인 PSO 보상비를 제외하면, 철도 적자액은 5,478억 원으로 3천억 원 가까이 줄어든다. 일반적으로 성과를 부풀리는 게 정부 부처의 행태일 텐데, 철도만큼은 부실을 강조하는 것은 왜일까?

국토부는 철도공사 경영 부실의 핵심 원인을 인건비에서 찾는다. 이들에 따르면 철도 노동자들은 적자 기업임에도 고액 연봉을 받는 부도덕한 집단이다. 이는 과연 사실일까? 오랫동안 인력이 충원되지 않았기 때문에, 철도공사 임직원들의 평균연령은 40대 중반을 넘어선다. 또 평균 근속년수도 19년에 이른다. 연봉은 정부 산하 공기업 중에서도 하위 그룹에 속하고, 매년

임금 인상률은 정부 가이드라인을 벗어난 적이 없다. 같은 논리라면, 1백조가 넘는 적자를 안고 있는 토지주택공사나 다른 공기업의 임직원들은 구조조정을 하거나 급여를 삭감해서라도 적자를 메워야 할 것이다. 정부의 구조조정 지시를 어기고 인력 감축을 등한시했다고 하지만, 철도 현장은 인력 부족으로 초과근무나 휴일 근무가 일상화되어 있다. 게다가 공기업이 앞장서서 청년 실업 문제를 해결하도록 하겠다는 정부 방침에 따라 최근 2년간 인턴제를 거쳐 신입사원을 채용했다. 공기업의 특성상 정부 정책을 수행할 수밖에 없는 데서 나온 결과다. 이런 사정을 무시한 채 철도의 인건비 문제를 경영 부실의 핵심으로 간주하는 것은 역으로 철도의 문제는 심각한 경영상의 문제가 아니라 정부 정책의 부재에 따른 문제임을 증명할 뿐이다.

또한 철도의 기본 특성 중 하나가 수요에 따른 탄력적 대응이 힘들다는 점이다. 공장에서 생산되는 상품처럼 수요에 따라 공급을 늘이거나 줄일 수 없는 것이다. 휴가철이나 명절 기간에 승객이 폭주한다고 선로를 늘릴 수 없고, 수요가 줄어드는 시기라도 선로나 역을 평소처럼 유지해야 한다. 거대 장치산업인 철도는 일상적 유지비가 필요하고, 노동집약적 산업이므로 인건비 비중이 다른 산업에 비해 높을 수밖에 없다.

또한 인건비 비중이 낮아지기 위해서는 기본적으로 철도의 토양이 바뀌어야 한다. 전문가들에 따르면, 철도가 경영상 효율을 기할 수 있는 최소한의 영업 거리는 최소 4천5백 킬로미터 이상이다. 3천5백 킬로미터 남짓한 한국 철도 산업은 효율성을 극대화할 수 있는 조건이 제대로 갖추어져 있지 못하다. 이런 조건에서 수서발 KTX 민영화를 추진하는 것은 일부 재벌의 수익 창출을 위해 앞으로 성장 가능성이 높은 산업을 분할해 자생 능력을 제거하는 것과 같다. 기능의 중복과 거래 비용의 증가 등 분할로 초래될 비효율은 철도 발전을 가로막을 것이다.

일반적으로 철도에서 생산성을 따지는 기준은 노동자 1인당 수송량의 크기다. 이에 따르면 한국 철도의 생산성은 OECD 국가 중 5위 수준으로 상위권에 속한다. 이것은 협소한 철도 운영 거리와 낙후된 철도 환경의 한계를 그동안 철도 노동자들의 노력으로 극복해 왔다는 의미이기도 하다. 철도 발전의 지표인 복선화율과 전철화율, 자동신호 체계 등에서 전반적 개선이 이루어진 것은 고속철도 개통을 전후로 한 최근의 일이다. 반면 철도 경영 부실을 질타하는 정부가 한 일은 무엇인가? 철도와는 아무런 관계도 없는 이들을 사장 자리에 낙하산으로 보내는 일이 반복됐다. 경찰청장 출신 전직 사장은 국회의원 선거에 출마해 철도공사 사장의 경험을 살려 자신이 출마한 서울 북부 지역구에 고속철도를 도입하겠다는 공약을 내놓았다. 그야말로 개그 프로그램에나 나올 만한 일이다. 게다가 민영화를 통해 철도 교통의 새 시대를 열겠다고 장담했던 인천공항 철도의 부실이 심각해지자, 정부는 이를 철도공사에 슬그머니 떠넘기기도 했다. 이 과정에서 민간사업자들은 매각 대금을 챙겨 떠나 버렸고, 부실은 고스란히 철도공사가 떠안았다. 이와 같은 정부의 철도 정책과 철도공사의 경영 상태 중 먼저 개선해야 할 것은 무엇인가?

국토부 주장의 하이라이트는, 철도공사가 매년 철도시설공단에 내고 있는 선로 사용료(2010년을 기준으로, KTX 매출액의 31퍼센트에 이르는 1천1백억 원)는 고속철도 건설 부채의 매년 이자(4천6백억)도 갚지 못하는 수준으로 이런 부실 상태를 더 이상 두고 볼 수 없다는 것이다. 국토부의 주장대로 철도공사가 시설공단이 갚아야 할 건설 부채의 이자조차 감당하지 못하는 경영 상태라면 정말 심각한 문제가 아닐 수 없다. 그런데 이 논리의 심각한 하자는 고속철도 건설 부채를 선로 사용료로 감당하는 것이 타당하지 않다는 데 있다. 전혀 다른 차원의 문제를 하나로 결합시켜 엉뚱한 결론을 내린 것이다. 미래의 대안 교통수단으로 떠오르고 있는 철도 시설 부분의 국가 투자 책임을 명확히 하는 것이 세계적 추세다. 정부도 표면적으로는 시설 부분은 정부가 책임지고 운영 기관의 부담을 줄여 철도 산업을 발전시키겠다고 했다. 그러나 실상은 시설공단의 거의 유일한 수익 구조를 선로 사용료로 고착화시켜 시설 기관과 운영 기관 사이의 불신과 갈등 구조를 만들었다. 지금 같은 상황에서는 KTX 매출액의 1백 퍼센트를 선로 사용료로 내도 건설 부채의 이자를 갚을 수 없는 실정이다. 이상하지 않은가? 흑자를 내고 있는 고속철도 부분의 매출액을 전부 갖다 바쳐도 재무 상황 개선이 이루어지지 않는 현실이라면 다른 근본적인 구조적 문제가 있다는 것이다.

1987년 일본의 국철 개혁 당시 일본 정부는 국철의 누적 부채 37조 엔(약 310조 원) 중 31조 엔을 정부에서 인수하고, 경영 안전 기금의 명목으로 보조금을 지급했다. 2011년 한국의 국가 총예산이 309조 원임을 감안하면, 26년 전의 화폐가치까지 고려할 때 31조 엔의 부채 해소가 얼마나 엄청난 규모인지 알 수 있다. 철도 왕국 일본의 신화는 그냥 생긴 게 아닌 것이다.

유럽연합 국가들의 경우는 어떤가? 독일은 1994년 구조 개편 당시 연방 철도자산관리국을 만들어 건설 부채를 포함해 680억 마르크(약 42조 원)를 정부가 전액 인수다. 또한 시설분야를 담당하는 기관인 DB인프라스트럭쳐에 대한 건설 부채 무이자 정책을 도입해 철도산업의 발전을 유도했다. 프랑스 역시 1997년 구조 개편 당시 누적 부채 308억 유로(약 37조 원)의 3분의 2인 205억 유로를 시설공단으로 이관하고, 나머지 3분의 1인 103억 유로는 정부 특별 부채계정으로 처리했다. 이탈리아는 운영 회사의 부채 35억 유로를 정부로 이관하고, 매년 구조 개편 기금으로 약 10억 유로를 지원하고 있다. 프랑스는 한발 더 나아가 2012년 10월, 경쟁 체제 도입이라는 명목으로 실시됐던 시설과 운영의 분리가 철도 발전에 장애가 된다며 통합을 선언했다. 통합적 체제가 더 경쟁력 있다는 판단에서다. 이처럼 철도 선진국들은 정부의 적극적 재정 지원과 부채 인수로 만성적인 재정 악화를 극복하고 새로운 도약의 발판을 마련하고 있는 실정이다.

그렇다면 이들 나라는 왜 이렇게 철도에 엄청난 재정을 쏟아붓는 것일까? 철도가 발생시키는 사회적 이득이 눈에 보이는 적자를 상쇄하고도 남기 때문이다. 철도 교통의 특성 중 하나는 철도를 이용하는 사람에게만 혜택이 돌아가는 게 아니라 철도를 이용하지 않는 사람에게도 긍정적 기여를 한다는 데 있다. 만약 서울시에 지하철이 없거나 8퍼센트 남짓한 수송 분담률을 갖고 있는 경부선 화물열차의 수송을 도로로 전환시킨다고 가정했을 때 우리 사회가 부담해야 할 교통 혼잡비용, 사고 처리 비용, 도로 유지·보수비용, 도로 추가 건설에 따른 건설비와 국토 파괴에 따른 손실 비용, 환경오염 비용, 유류 비용 등을 따진다면 철도 적자액과는 비교할 수 없는 천문학적 사회적 비용이 요구되기 때문이다.

스웨덴의 경우 이런 비용을 계량화해 '사회경제적 한계비용'이란 개념을 도입하고, 철도의 사회적 기여도만큼 선로 사용료를 면제해 주는 정책을 통해 지속 가능한 발전을 꾀하고 있다. 우리 국토부도 2006년, 철도의 사회경제적 비용 창출에 대해 연구 용역을 실시한 바 있고, 2007년, 철도가 자신이 안고 있는 적자보다 수십 배에 이르는 사회적 이익을 창출하고 있다는 상당히 고무적인 연구 결과를 받았음에도 이를 사장시켜 버렸다. 국토부가 발주한 연구 보고서에 따르면, 노선별 평균 사회경제적 가치는 철도공사의 경영성적 대비 약 21배 수준이고, 최대 75배까지 추정된다. 철도공사가 안고 있는 적자를 만회하고도 남을 엄청난 사회경제적 효과를 발생시키는 철도 산업에 대해 무조건 부실과 비효율의 온상이라고 손가락질하는 것은 옳지 않다.

국토부가 철도 부실을 소리 높여 강조하면서 내놓은 대안은 결국 민영화다. 수서발 KTX 민영화를 통해 경쟁 체제가 도입되면 이에 자극받은 공기업인 철도공사도 경영 개선 노력을 통해 자생력을 갖게 된다는 것이 그들의 논리다. 그러나 국토부는 2010년, 이명박 대통령에게 수서발 KTX 개통으로 철도공사의 재정 상황이 상당히 호전되어 철도 적자 해소에 많은 도움이 될 것이라는 내용의 업무 보고를 한 바 있다. 수서발 KTX 개통으로 한계에 다다른 서울역 중심의 선로 포화 상태를 해소하고, 이용객들의 분산과 새로운 수요 촉발로 철도공사의 재무구조가 호전되면 그만큼 국민 부담이 줄어들게 된다. 그러나 새로 개통되는 수서발 고속철도가 창출하는 수익을 민간 재벌사가 독차지하는 순간 철도공사의 재무구조 개선은 불가능하다. 더 나아가 수도권 동남쪽의 열차 이용객 분산으로 철도공사의 수익성은 심각하게 저하될 것이다. 철도 민영화를 통해 우리 사회가 얻을 수 있는 이익은 없다. 영세한 영업 거리를 나누어 통합의 시너지 효과도 얻을 수 없고, 관제 우선권과 선로 배분권을 놓고 운영 기관의 갈등이 첨예화될 것이며, 시설공단과 운영 기관들과의 선로 사용료와 유지·보수 문제를 둘러싼 대립도 일상화될 것이다.

적자를 줄이고 효율화를 달성한다는 명목으로 추진되는 철도 민영화는 한국 철도의 미래를 볼 때 재앙에 가깝다. 지금이라도 국토부는 미래지향적 철도 정책으로 전환해서 국민을 위한 철도로 거듭날 수 있도록 힘을 보태야 한다. 맹목적인 경쟁 논리와 민영화를 통한 해법은 이미 유통기간이 지난 처방이다.

국책 연구원의 청부 용역

정부 정책의 거수기, 민간위원회

2013년 4월 4일, 서승환 국토부 장관은 대통령 업무 보고와 이어진 기자회견을 통해서 5월에 수서발 KTX 운영 주체를 포함한 철도 발전 전략을 마련하겠다고 밝혔다. 국토부는 이에 따라 사회적 의견을 모으고 여론을 수렴하겠다며 '철도 산업 발전을 위한 민간위원회'를 구성했다. 과거 국토부의 철도 정책 담당자 소수가 밀실에서 '철도 개혁안'을 수립하고 일방적으로 밀어붙인 것에 비하면 나아진 모양새다. 그러나 이 민간위원회의 구성과 인선 과정을 보면 이것이 과연 민주 정부의 여론 수렴이나 사회적 합의 방식인지 의심스럽다.

한 달 남짓의 한시적 여론 수렴 기구가 갖는 한계는 분명했다. 한국 철도 산업에 대한 고민과 미래 전망을 밝히는 데 한두 차례의 회의로 충분할 리가 없다. 유럽과 일본의 철도 강국들은 철도 산업 발전에 대한 사회적 논의를 오랫동안 지속해 왔다. 이를 모를 리 없는 국토부의 속셈은 수서발 KTX 운영 주체를 정부 뜻대로 결정하면서 사회적 합의와 전문가 의견 수렴 과정을 거쳤다는 면피성 절차를 확보하려는 데 있다.

민간위원회 참여 인사들은 모두 국토부에 의해 자의적으로 선정됐다. 공정성 논란을 피해 가기 위해 KTX 민영화 반대 입장을 밝혔던 코레일에서 일부 인사를 추천받고, 시민 단체 이름을 끼워 넣는 구색만 갖추었다. 이런 민간위원회는 결국 정부 정책의 타당성을 추인하는 거수기 역할에서 벗어날 수 없다.

한국교통연구원

더욱 심각한 문제는 이 민간위원들이 기초로 삼아야 할 철도 산업 발전안이 한국교통연구원이 마련한 자료라는 데 있다. 전문가를 자처하는 한국교통연구원의 연구진들이 민간자문위원회에서 핵심적인 역할을 수행하는 소위원회에 간사로 참여해 민간위원들의 입장을 조율했다.

지금 우리 사회가 철도·지하철 등 교통 관련 산업에서 겪고 있는 수많은 재앙의 근원에는 한국교통연구원이 있다. 국책 연구원의 존재 이유는 객관적이고 과학적 분석을 통해 국가나 지방자치단체가 '의지의 과잉'으로 범할 수 있는 오류의 문제를 지적하고 올바른 방향을 제시하는 데 있다. 하지만 민자 사업과 관련해 연구원은 화려한 프레젠테이션과 수학 공식, 경제학 이론으로 시민들을 호도해 왔다.

용인 경전철의 사례를 보자. 연구원은 하루 이용객이 17만 명이 될 것이라는 예측을 내놓았지만, 실제 이용객은 6, 7천 명 수준에 불과했다. 용인시는 우여곡절 끝에 올해 개통된 용인 경전철에 앞으로도 계속 시 재정을 쏟아부어야만 한다. 더 큰 문제는 이 황당한 문제가 개선될 여지조차 없다는 사실이다. 용인경전철의 문제는 민간투자 사업이 갖는 모든 문제를 한꺼번에 보여 주는 종합 세트이다. 정치적 성과만을 고려한 무지한 정치인과 사적 이익 확보에만 관심 있는 토건·금융자본들, 그리고 이들에게 이론적 근거를 제시한 한국교통연구원이 모두 한통속이 되어 시민들을 수렁에 몰아넣었다. 최소한 국책 연구원인 교통연구원만이라도 자기 역할을 제대로 수행해서 용인 경전철의 문제를 지적하고 대안을 제시했더라면 현재와 같은 재앙은 일어나지 않았을 것이다.

한국교통연구원이 이렇게 망가진 데는 여러 가지 이유가 있다.

상급 기관의 입맛에 맞는 연구 결과를 제공해야만 하는 청부 용역 관행이 독립적이고 객관적인 연구를 수행할 수 없는 구조적 문제를 양산하고 있다. 조직 구성에서도 공적 임무보다는 사적 이익의 확보에 맞는 인사들이 요직을 장악하고 있다. 2013년 현재 한국교통연구원의 수장인 김경철 원장의 경우만 해도 2002년 7월부터 2006년 6월까지 서울시교통개혁단장을 역임했다. 정확히 이명박 전 대통령의 서울시장 임기와 일치한다. 게다가 2005년 5월, 서울시가 서울메트로9호선 주식회사와 맺은 협약의 주요 당사자일 수밖에 없는 위치다. 2012년 지하철 9호선 측의 기습적 요금 인상 추진 과정에서 당시 맺었던 실시 협약(서울시 도시철도 9호선 1단계 구간 민간투자 사업 실시 협약)이 지하철 9호선 주식회사에 일방적 특혜를 준 것이 아니냐는 비판이 거세게 일었다. 김경철 원장은 서울시 교통 개혁 단장을 그만

두고 3년 후 베올리아 트랜스포트 코리아의 CEO로 취임한다. 이 베올리아 트랜스포트 코리아는 지하철 9호선의 운영사다. 실시 협약과 관련해 줄다리기를 했던 기관의 주요 인사가 협상 상대였던 민간사업자의 최고 책임자가 되는 이 상황은 무엇을 의미하는 것인가?

한국교통연구원은 국토부의 의뢰로 철도 경쟁 체제 도입과 수서발 KTX 민영화를 철도 발전 전략으로 내놓았고, KTX 민영화는 이에 근거해 추진되기 시작했다. 당시 한국교통연구원의 철도정책기술본부장은 생방송으로 진행된 KBS 뉴스에 출연해 "민간이 운영하는 수서발 KTX는 지하철 9호선처럼 효율적인 철도가 될 것"이라고 주장했다. 지하철 9호선이 사회적 문제가 되고 비난의 대상이 되자 국토부가 나서서 KTX 민영화는 서울지하철 9호선과는 다르다고 해명했지만, 만약 9호선 문제가 터지지 않았다면 수서발 KTX 민영화의 모델은 지하철 9호선이 되었을 것이다.

박근혜 대통령은 후보 시절, 철도 민영화 문제와 관련해 기존의 방식과 달리, 중장기적 발전 전망에 입각해 새로운 대안을 내겠다고 약속했다. 그러나 국토부는 지속적으로 재앙을 생산해 온 한국교통연구원의 무늬만 다른 청사진을 바탕으로 밀실 논의를 통해 한국 철도 전망을 제시했다. 일부 시민 단체는 이미 결론이 난 문제에 거수기 역할로 동원될 수 없다며 민간위원회 참여를 거부했다.

수서발 KTX 개통은 용량 한계로 제 역할을 할 수 없었던 한국 철도에 최소한의 완결적 네트워크를 마련해 철도 발전의 전기가 될 중요한 전환점이다. 이런 새로운 도약의 시기에 민영화와 경쟁을 최고의 가치로 여기는 이들의 입맛에 맞춰 지속적으로 재앙을 만들어 온 한국교통연구원이 설계한 안을 철도 개혁의 방안으로 밀어붙이고 있는 현실은 참담하기만 하다.

독일에는 없는 독일식 모델

2013년 5월 23일, 국토부는 철도 산업의 전망을 밝히는 기자회견을 열고 몇 차례 열린 민간자문위원회의 권고에 따라 독일식 모델을 바탕으로 철도 산업을 발전시키겠다고 밝혔다. 철도 산업의 문제가 독점에 있고, 경쟁 도입의 필요성에 공감했다는 민간자문위원회의 검토 의견을 수렴해 수서발 KTX를 비롯해 신규 노선에 경쟁 체제를 도입하겠다는 것이다.

이는 마치 선진국형 모델에 입각해 한국 철도의 새로운 발전 전망을 제시한 것처럼 보이지만 실상은 세계 철도 산업의 현실을 왜곡하고 국민을 호도하고 있다. 국토부 보도 자료를 보면, 신규 사업자 참여로 효율성을 높일 수 있는 신규 노선과 민간 참여에 따른 공공성 훼손 논란이 적은 기존 적자선부터 경쟁을 단계적으로 도입하는 방안을 검토하겠다고 한다. 국토부 주장의 실제는 신규 사업자 참여로 수익을 낼 수 있는 수서발 KTX 같은 노선에 경쟁을 명분으로 민영화의 길을 터놓겠다는 것이다.

일단 수서발 KTX의 경쟁 체제 도입이 성공하면 이후에는 얼마든지 철도 산업의 각 분야마다 민영화를 도입할 수 있게 되는 길이 열린다. 이런 상황에서 적자선의 경쟁 도입 운운은 수익성 높은 부분만을 민영화한다는 비판을 피해 가는 안전장치 역할도 하고 있다.

이외에도 국토부의 꼼수는 보도 자료 곳곳에서 발견된다. 수서발 KTX는 철도공사가 참여하는 출자 회사를 설립하되, 철도공사의 부당한 간섭이 없도록 회계와 경영을 독립시킨다고 했는데, 이것은 철도공사에는 부담만 지우고 수서발 KTX에서 발생하는 수익은 온전히 새로 신설되는 회사의 몫으로 돌리겠다는 것이다. 수서발 KTX에서 발생하는 수익으로 한국 철도의 적자 구조를 해소하는 데 일조하고 철도 네트워크의 완결적 구조를 이루겠다는 애초의 구상은 사라져 버렸다.

독일 철도가 지주회사 방식을 갖고 있다고 한국도 지주회사 체제를 만들면 독일식인가? 독일 철도의 지주회사 방식을 구현하려면 몇 가지 전제가 필요하다. 철도 산업 전체를 총괄하는 강력한 국가 주도의 공기업이 존재해야 한다. 독일철도공사 도이체반(Deutsche Bahn AG, DBAG)은 운송과 시설을 포함한 모든 자회사의 기능이 일관된 조직 체계 아래 유기적 연관성을 갖고 통합되어 있다. 철도 전문가들은 프랑스의 과거 철도 체계나(현재는 운영과 시설이 통합되었다) 스페인·스웨덴·네덜란드의 철도가 독립적 기구로 분리된 데 반해, 독일 철도는 국영기업 내에서 기능적 역할 분담 체계를 갖고 있다고 분석한다. 독일식 개혁을 하려면 현재 분리되어 있는 철도공사와 철도시설공단을 통합적으로 관리하는 국영 철도 체제를 구축해야 한다.

또 국토부는 효율성과 공공성의 조화를 위해서 독일식 공공 모델을 취했다고 하지만, 독일식 지주회사 모델은 공공성을 확보하기 위해 만들어진 것이 아니라 장기적으로 민영화를 전제로 추진된 방식이다. 공공 모델이 아니라 효율성을 극대화하기 위해 설계된 모델인데, 이것을 한국의 국토부에서 공공 모델로 둔갑시킨 것이다.

게다가 독일은 자국의 가장 중요한 간선 노선들과 독일 철도의 얼굴이라 할 수 있는 고속철도 이체ICE의 운영권을 독일철도공사가 소유해 운영하고 있다. 한국 철도의 열 배에 이르는 3만5,800킬로미터의 철도망을 갖고 있는 독일 철도는 그 규모에 맞춘 운영과 관리 시스템을 갖고 있다. 이런 현실을 호도한 채 3천5백 킬로미터에 불과한 협소한 한국 철도망에 다수의 사업자를 진출시켜 철도를 효율화하겠다는 국토부의 정책은 한국 철도를 회생 불가의 수렁으로 밀어 넣게 될 위험성이 크다.

국토부는 철도 개편 방안이 독일식이라고 주장하지만 시설과 운영이 분리된 채 선별 입찰 제도를 통해서 민간사업자를 진출시키는 것은 이미 실패한 방식으로 평가받는 영국식과 다를 바 없다.

부록 2 ___ 국제심포지엄 풍경

유럽과 일본 철도의 교훈

2013년 8월 27일부터 8월 29일까지 철도노조와 공공운수노조연맹이 주최한 "한국 철도의 미래를 위한 국제 심포지엄"이 서울에서 열렸다. 과거 민영화를 경험했던 유럽 각국과 일본 철도의 경험을 들어보고, 한국 철도의 대안을 모색해 본 중요한 시간이었다. 심포지엄 기간 내내 진지한 토론이 이어졌다. 참가자들의 발표 내용은 어느 것 하나 놓칠 게 없었다. 한국 철도가 타산지석으로 삼을 만한 내용들을 현지 전문가들의 생생한 육성으로 공유하면서 이런 시도가 왜 정부가 아닌 노조에 의해 처음 시도됐어야 하는지 안타까웠다.

철도 민영화의 폐해로 고생 중인 영국의 상황을 증언해 준 사람은 크리스천 월마Christian Wolmar였다. 그는 영국 일간지 『인디펜던트』 운수 담당 특파원으로 일하다 현재 역사가이자 철도 전문 저널리스트로 활발히 활동 중인 인물로 『잘못된 철길』On the Wrong Line(2005), 『지하철 죽이기』Down the Tube(2002) 등의 저서를 통해 영국의 철도 민영화가 초래한 문제에 대해 날

카롭게 비판해 온 작가이기도 하다. 우선 그는 한국 정부가 추진 중인 철도 개혁 방식이 처참하게 실패한 영국의 방식과 놀라울 정도로 유사하다고 지적했다. 영국 정부가 민영화를 추진하면서 원인으로 들었던 것들과 민영화를 통해 이룰 수 있다고 호언장담한 내용이 현재 한국 국토부의 주장과 정확히 일치한다는 것이었다. 경쟁 체제 도입을 통해서 국가 재정 부담을 줄이고, 요금을 인하하고, 서비스를 개선하겠다는 국토부의 주장은 바로 영국 정부가 민영화를 추진하면서 했던 말로 이 가운데 실현된 것은 하나도 없었다. 민영화 이후 정부 재정지원이 중단됨으로써 철도에 대한 정부 부담이 줄어들 것이라고 예상했으나 민간회사들의 투자 외면으로 시설 노후화에 따른 대형열차 사고가 빈발하자 오히려 정부 재정 부담이 증가하는 등 민영화를 통해 이루고자 했던 것들은 모두 실패로 돌아갔다. 반면 민간회사들의 철도 요금 인상은 영국 시민들의 인내심을 바닥내고 있었다. 영국의 철도 요금은 직장인 평균 연봉의 20퍼센트까지 육박하는데, 런던 주변 지역의 통근 열차 운임이 연간 9백만 원에 이르는 곳도 있다. 영국 철도는 이미 너무 먼 길을 와버려서 다시 되돌아가기 위해 치러야 할 고통이 너무나 큰 상태라고 그는 전했다.

국제운수노련International Trade Federation, ITF 철도 분과 의장이자 노르웨이 국영철도위원회 위원인 아슬락센은 노르웨이 사례를 들려주면서 철도 민영화의 출발점은 분리에서 시작된다는 점을 강조했다. 효율화를 명분으로 주요 간선과 지방선의 분리, 여객과 화물의 분리 등을 실시하지만 사실 이는 그 운영을 민간에 매각하기 위한 사전 조치라는 것이다. 그는 현재 수서발 KTX 분리와 화물 부분의 분리, 지역 적자선의 민간 개방 추진은 민영화 절차의 일부로 심각한 문제를 안고 있다고 분석했다.

독일에서 온 베르너 레Werner Reh 박사는 독일 최대 환경 단체인 분트BUND 의 교통정책과장으로 독일 철도에 대해 자세히 설명해 주었다. 2013년 현재, 국토부는 철도 선진국 독일의 공공 모델을 따라 한국 철도를 개혁하겠다고 밝혔지만, 레 박사는 한국 정부가 독일 철도의 가장 나쁜 점만 도입하려 한다고 지적했다. 독일 철도는 1990년 민영화를 전제로 주식을 발행하는 지주회사 체제로 전환했고, 적정한 시기에 이 주식을 매각함으로써 민영화를 완수하는 계획을 세웠다. 특히 2008년에는 일부 주식을 매각해 민영화의 첫 수순을 밟으려 했으나 국제 금융 위기가 닥치면서 실패했다. 베르너 레 박사에 따르면, 독일에서 이 실패는 '행복한 실패'로 불린다. 현재 독일에서는 정부나 정치권, 시민사회 모두 철도 민영화에 대해 상당한 문제의식을 가지고 있어서 그 누구도 감히 민영화를 다시 추진하자고 말하지 않는다고 했다. 그는 이미 독일에서는 수십 년에 걸쳐 시도했다가 실패한 모델을 한국에서 단 몇 달 만에 해치우려는 이유를 이해하기 힘들어했다.

그러면서 그는 독일에서 경쟁입찰 이후 새로 생긴 열차 회사와 관련된 일화를 들려주었다. 기차 문이 고장 나 멈춰 선 상황에서 승객이 도와 달라고 하자 근처 직원이 "미안합니다만 그것은 우리 회사 일이 아니에요."라고 했다는 것이다. 이 문제를 해결하기 위해서는 각 열차 회사마다 사고 조치를 할 수 있는 조직과 인력을 마련해야 한다. 이럴 경우 중복으로 인한 비효율이 발생할 수밖에 없다. 물론 비용 절감을 위해 사람이나 조직을 제대로 갖추지 않는 경우가 대부분이고, 이때 모든 문제는 승객 스스로 해결해야 한다. 한국 철도가 도입할 소위 '독일식' 모델은 이런 문제들을 끊임없이 발생시킬 것이라고 레 박사는 말했다.

국토부에 따르면, 스웨덴은 철도 개혁에 성공한 나라다. 민간사업자의 점유율이 올라가는 대신 스웨덴 철도공사의 점유율이 하락하고, 지방선의 경쟁입찰로 많은 다국적기업들이 진출해 있다. 스웨덴 서비스통신노조 위원장이자 유럽 공공노련 집행위원장, 유럽연합 전력 부문 '사회적 대화 위원회' 부의장인 얀 루덴Janne Rudén은 성공한 개혁으로 알려진 스웨덴 철도의 실상을 밝혀 주었다. 그는 철도에서 경쟁입찰이라는 것은 철도가 체계적인 결함을 갖게 됨을 의미한다고 강조했다. 그간 사망 사고가 없었던 스웨덴 철도는 최근 선로에서 작업하던 인부 7명이 사망하는 어처구니없는 사고를 당했다. 문제는 선로의 결함을 발견하는 회사와 이것을 처리하는 회사가 다르고, 이들 사이에 소통이 제대로 이루어지지 않은 데 있었다. 한국에서도 2011년 12월, 인천공항 철도에서 작업하던 노동자 5명이 사망하는 사고가 일어났다. 하청업체 직원인 이들은 막차 운행이 남아 있는데도 선로에 작업을 하러 들어갔다가 변을 당했다. 관제실과 공사 현장 사이에 아무런 협의가 없었기 때문이다. 당시 열차 운행을 맡았던 기관사는 관제실로부터 아무런 통보를 받지 못했고, 당연히 선로에서 이들이 작업을 하고 있을 줄은 꿈에도 몰랐다.

철도에서는 소통이 무엇보다 중요하고 정보가 처리되는 단계를 단순화할수록 안전도가 높아진다. 분리와 경쟁을 통해 효율화를 달성한다는 국토부 주장의 위험성은 이와 같은 스웨덴 사례가 잘 증명해 준다. 얀 루덴은 철도에서 경쟁입찰이라는 것은 정부의 보조금을 가장 적게 받겠다고 하는 업체에게 운영권을 주는 것인데, 이것은 필연적으로 끔찍한 결과를 가져오게 되어 있다고 지적했다. 왜냐하면 정부로부터 받을 보조금을 적게 써내는 대신, 운영 과정에서 이익을 챙겨야 하기 때문에 더욱 극단적인 효율화를 도입하게 되기 때문이다. 요금이 오르는 것은 물론이고, 역에서는 직원이 사라지고, 시설물은 고장이 나도 수리되지 않고 방치된다. 또 열차 운행에 꼭 필요한 부품이나 시설 같은 것도 비용 절감을 위해 저가 부품으로 대체된다.

일본 최대의 철도 회사인 JR 동일본 노동조합의 이시이 타카시 부위원장 역시 국토부의 민영화안에 회의적 입장을 표명했다. 3천5백 킬로미터에 불과한 노선을 분리한다는 것은 그나마 갖고 있던 규모의 경제가 가져오는 효과마저 내팽개치는 일이라는 것이었다. 특히 운영사가 보유한 철도 관제권마저 회수해 간다면 무엇보다 안전 문제에서 상시적인 위험에 노출될 수밖에 없다는 점을 지적했다.

유럽과 일본 철도 전문가들의 의견은 다양했지만 이명박 정부와 박근혜 정부의 철도 정책에 대한 비판의 목소리만큼은 일치했다.

부록 3__한·독 철도 전문가 대담

독일은 한국의 모델이 될 수 있을까■

박흥수 한국에서는 철도 정책을 담당하는 정부나 일부 전문가들이 '독일 철도'를 이상적 모델로 보고 있다. 이번에 한국 정부가 발표한 '철도 산업 발전 방안'도 우수한 독일 철도 방식을 따라가는 것이라고 한다. 물론 독일 철도는 광대한 철도망과 우수한 차량 제작 능력, 오랜 고속철도 운영 경험을 갖고 있다. 그런데 한국 정부가 말하는, 독일식 지주회사 방식의 철도 회사 간 경쟁 체제가 좋은 대안이 될 수 있는지 묻고 싶다.

베르너 레 독일은 1994년, 국가 권력이 행정부의 철도 부서를 철도 회사(공기업)로 만들고, 이후 지주회사를 도입했다. 당시 필요했던 일이라고 전제

■ 『프레시안』(2013/08/29)에 실린 "민영화 공동 기획 ③: 독일-한국 철도 전문가 대담"(정리: 박세열 기자, 통역: 김석 공공운수노조 대외협력실장)을 일부 수정했다.

하고 긍정적 측면을 말하자면, 막대한 철도 부채를 해결했다는 점이다. 정부가 (68억 마르크, 약 42조 원에 달하는) 부채를 (전액) 떠안으면서 독일 철도는 굉장히 유연하게 시장에 적응할 수 있었다. 부정적인 평가를 한다면, 경쟁을 도입하겠다고 했는데 (결과는) 전혀 그렇지 않았다는 것이다. 장거리 노선의 경우는 경쟁이 전혀 없고, 고속철도도 경쟁 자체가 아예 없다. 독일 철도 모델을 '경쟁 체제'라고 하는 한국 정부의 주장이 어디서 나왔는지 모르겠다.

또 통합과 분리 측면에서 (독일에서는) 현재 통합이 논의되고 있다. 특히 지역이나 지방을 운행하는 공공 철도를 어떻게 복합적으로 연결해 서비스를 제공할지, 이 부분에 대한 논의가 진행 중이다. 한국 정부는 독일 철도의 부정적인 부분만 도입하려 한다는 느낌이다. 지금 독일에서는 (오히려) 공공의 참여를 높이기 위한 논의를 하고 있다.

박흥수 한국에서는 전체 고속철도 노선의 일부분에서 분기하는 지점(수서~평택 노선)을 건설하고 이곳을 시발점으로 하는 새로운 고속철도 회사를 설립하려고 한다. 경쟁이 효율을 가져온다는 논리다. 한때 이 노선의 운행권을 민간에 넘기려다 반대에 부딪힌 후, 이제는 기존 철도 운영을 맡은 국유 공기업(코레일)의 자회사를 설립해서 운행한다는 방침을 내놓았다. 정부는 이것이 공공성을 갖춘 독일식 모델이라고 주장하는데, 사실 지주회사의 고속철도와 자회사의 고속철도가 서로 경쟁하는 방식이다. 이것이 독일식 모델인가?

베르너 레 그런 형태는 독일식 모델이 아니다. 코레일과 도이체반 사이에는 큰 차이점이 있다. 독일에서는 2006~07년, 자회사 가운데 기반 시설을 담당하던 자회사 일부를 민영화하려고 시도한 적이 있다. 결국 시민 단체, 환경 단체, 노조 등의 비판으로 실패하게 됐다. 민영화는 되지 않았지만, 지주 회사인 독일 철도가 여러 분야를 자회사로 분리해 물류 회사, 장거리 운행 회사 등을 만들어 놓았는데, 부정적인 효과가 나타나고 있다. 예를 들어, 기차가 고장이 나서 멈췄는데 승객이 도와 달라고 하면 근처 직원이 미안하다며 "그것은 우리 회사 일이 아니에요"라고 한다는 것이다. 이런 부분을 보완하기 위해 각 회사들이 중복 투자를 하게 되면, (비용 낭비로) 재정적인 문제가 발생할 수 있다.

박흥수 독일에서 민영화 로드맵을 전제로 만들어졌던 방식이 한국에선 공적 모델로 둔갑한 것이 아닌가 하는 생각이 든다. 독일에서 철도 개편 논의가 시작된 것은 1980년대 말이지만, 1990년에 통일을 이루며 동서독 철도 통합이라는 과제와 맞물려 급물살을 타게 되었다. 그리고 1994년, 정부가 출자한 주식회사로 전환하고 점진적으로 민영화를 추진하는 방식으로 결정되지 않았나?

베르너 레 그렇다. 현재 독일 철도는 법적인 차원에서 보면 민영화가 중단된 상태다. 그러나 언제든지 다시 시작할 수 있는 상태다. 그러나 자회사인 물류·시설 등의 부분은 '관리감독위원회' 같은 것을 만든다면서 다시 (민영화를) 시작할 수도 있다. 민영화의 경우 사실 아무도 공개적으로 찬성한다는 말을 하지 않는다. 정치적인 문제도 얽혀 있다. 아무도 정치적으로 찬성하지 않지만, 민영화가 추진될 가능성은 여전하다. 2006~07년 일부 자회사를 민영화하려 했다가 실패했는데, 비용 대비 효율이 떨어지고, 재투자가 안 되고, 열차 운행 시간조차 제대로 지키지 못하게 되는 결과가 나타났다. 현재는 중단된 상태인데 민영화 중단이 일시적일 수도 있지만, 앞으로도 중단돼야 한다는 게 내 바람이다.

박흥수 수서발 KTX에 대해서 얘기를 해보고 싶다. 현재 한국철도공사는 정부가 1백 퍼센트 출자한 공기업이고 이것은 주식회사도 아니다. 그런데 새로 건설될 노선에서 운영될 KTX는 주식을 발행하는 자회사 형태다. 경쟁이 가능할까?

베르너 레 일단 정부가 '경쟁'이라 하는 것부터 살펴보자. 사실상 그 경쟁은 불공정 경쟁이 될 것이다. 고속철도라는 엄청난 인프라를 구축하기 위해서는 막대한 재정이 투입되어야 하기 때문에 기본적으로 국가가 개입해야 한다. 국가 정책에 의해 좌우되는 것이다. 그런데 (한 노선에서) 경쟁을 위해 따로 회사를 만들고 주식을 발행한다? 부채 부담도 없고 완전히 새로 시작하는 새 고속철도 회사가 등장한다면, 그것은 오히려 (기존 회사와 비교할 경우) 불공정 경쟁이 될 것 아닌가? 그런 식의 체제는 국가 기간망인 철도를 빈곤하게 만들 것이다. 앞서 말했듯이 고속철도는 정부 정책에 의해 좌우된다. 경쟁 자체가 성립이 안 된다. 독일과 비교했을 때, 한국의 고속철도(KTX)는 인기가 더 좋은 것 같다. 대중에게 매력적이고 (독일보다) 더 성공적인 결과를 내고 있다. 그런데 경쟁을 한다니!

박흥수 이로 인해 소유 구조에서 큰 변화가 있을 것 같다. 왜냐하면 주식은 매각을 통해 언제든지 사유화할 수 있기 때문이다.

베르너 레 그런 구조는 굉장히 위험하다. 예를 들어 정부가 철도 회사를 통해 주식을 발행하고 판다면, 그것을 누가 사겠는가. 러시아 석유 재벌이나 그런 주식을 살 것이다. 그런데 러시아 재벌이 철도에 대해 뭘 알겠는가. (2006~08년 철도 사유화 논쟁 과정에서 러시아 자본이 독일 철도 자회사의 지분을 인수하려 했던 적이 있었다.) 그런 주식은 단 한 주도 팔아서는 안 된다는 게 독일 노동단체들의 입장이다. 국가나 공공 부문이 1백 퍼센트 주식을 갖고 있는 게 맞다. 만약 이윤을 남기기 위해서 주식을 팔게 된다면 그 주주들은 '나에게 더 많은 이윤을 가져오라'고 할 것이 분명하다. 그러면 공공성이 훼손되는 것은 물론 환경 분야 같은 데까지 부정적 영향을 끼치게 될 것이다.

박흥수 한국 사회에서 철도 정책은 정부 관료 주도로 일방적으로 추진되고 있다. 노동조합이나 고객인 일반 시민의 의견도 듣지 않는다. 국회 논의도 거치지 않은 채 진행시킨다. 정부는 한국 철도가 독점이라서 효율성이 없다고 하는데, 사실은 정책을 독점하는 정부가 문제다.

베르너 레 독일에서도 정책 결정자나 전문가들이 그런 '논의'나 '논쟁'을 주도한다. 폐쇄적인 논의 구조다. 대부분 민영화가 옳고 경쟁 체제 도입이 답이라고 끊임없이 말한다. 이런 구조에서 노동자, 시민이 논의에 참여하는 방안을 관철시키기 힘들었다. 국회 논의 과정에서도 정부는 주로 민영화가 옳다는 논리에 쏠리게 된다. 사민당도 (정치적으로는 민영화를 반대하지만, 정책 결정 과정에서 민영화 논리에 휩쓸리는) 이중적인 태도를 보였다. 사민당원은 대부분 반대했지만, 슈뢰더 당수는 찬성했다. 녹색당도 초기에 혼란을 겪다가 반대 입장을 정했다. 언론도 초반에는 민영화에 찬성했다. 당시 도이체반 사장이 언론인 출신이기도 해서 홍보를 잘한 측면도 있다. 그러나 언론도 나중에는 바뀐다. 대중적인 여론도 반대로 바뀌게 되는데, 최근 마인츠에서 일어난 철도 사고의 영향이 컸다. 그런 것이 2008년까지 진행된 민영화의 후과였다.

박흥수 독일 철도는 1990년대 이전의 적자 경영 상태에서 벗어나 흑자를 달성하고 있다는 발표가 나왔다. 이런 흑자 전환이 독일 철도 개혁의 성과라고 볼 수 있는지 궁금하다. 흑자가 독일 철도의 공공성이나 이용 편의성을 확대하고 철도 수송 분담률을 높이는 과정에서 발생한 건지 아니면 구조조정이나 다른 이유로 발생한 건지 말이다.

베르너 레 좋은 질문이다. 흑자는 구조적인 성과다. 두 가지다. 첫 번째, 1994년, (공)기업 형태로 만든 것이다. 특히 정부가 철도 부채 문제를 해결해 줬다. 그래서 독일 철도가 적극적으로 사업에 뛰어들 수 있었다. 현재 독일 철도는 흑자인데, 내가 말하고 싶은 핵심은, <u>독일 철도의 이윤은 운송 사업에서 오는 게 아니라 네트워크 운영에서 온다</u>는 점이다. 프랑스 철도든 어디든, 독일의 네트워크를 이용하게 되면 돈을 지불한다. 이런 식으로 물류·운송·보관 등이 흑자의 주된 이유가 된다. (적자 운영인) 지역 철도는 보조금을 받고 운영하고 있다. 이런 부분도 도이체반이 수익을 얻는 데 집중할 수 있는 이유가 된다.

박흥수 네트워크 운영에서 얻은 이익이 전체 도이체반의 수입으로 이어지기 때문에, 네트워크 운영을 통한 수익이 독일에 비해 현저히 낮은 한국 철도와 비교가 안 되는 것 같다. 지정학적 요인이 상당히 크다. 삼면이 바다로 둘러싸인 한국과 같은 곳에서는 독일처럼 네트워크를 운영할 수 없기 때문이다. 이는 기본적으로 독일형 모델이 한국 철도에 흑자를 안겨 줄 수 있는 구조가 될 수 없다는 것을 의미한다. 운송 체계는 독일이나 한국이나 포화 상태인데, 독일의 흑자 비결이 어디에 있는지도 모르고 무작정 독일식만 도입하면 될 것처럼 이야기하니 답답하다. 독일 철도의 10분의 1 수준에 불과한 철도망을 갖고 있는 한국이 독일식 철도 기업의 행태를 따른다고 해서 공공성을 갖게 된다는 것도 의문이다. 독일은 1994년, 새로운 도이체반 출범 후 20년 가까운 시간이 지났다. 독일 사람들은 20년에 걸친 독일 철도의 개편 과정에 대해 대체적으로 우호적인지 궁금하다. 철도 이용자 입장에서는 요금, 운행 편수, 이용 편의성 등에 대해 체감하는 게 있을 것 같은데, 이용자들은 철도가 좋아졌다고 생각하는가?

베르너 레 '철도 때리기'라는 말이 있다. 철도에 대한 부정적 인식이 일반적이다. 예나 지금이나 그렇다. 그러나 내 개인 경험으로는 인터넷의 발달로 쉽게 표를 예매할 수 있는 등 철도 서비스는 진보하고 있다. 이런 부분이 대중 여론에 반영되지 않고 있다. 한국의 여론은 더 긍정적인 것 같다. KTX에 대한 호감도가 높은 것 같다.

박흥수 한국 정부는 독일 정부가 지역 노선(지선)에 보조금을 주면서 경쟁입찰을 통해 민간 운영 회사들에게 지선 운영을 맡긴다고 보고 있다. 그리고 독일 철도에 민간 참여가 확대되어 현재 385개의 여객 및 화물 운송 회사가 존재한다고 설명하고 있다. 이런 식의 경쟁 체제가 독일에서는 일반적인 것처럼 주장하는데, 어떤가.

베르너 레 지방 노선의 경우 도이체반 이외의 기업들이 참여할 수 있고, 경쟁입찰을 해야 하는데, 독일은 그 경쟁을 컨트롤할 수 있다. 독일은 철도를 지역화하는 데 성공했다고 본다. 지역 노선의 경우 보조금이 약 70억 유로 정도 투입된다. 물론 유럽연합에서는 이런 보조금 정책에 비판적이다. 어찌됐든 경쟁이라고 하는데 (입찰에 응하는) 상당수가 공기업이다. 물론 민간 기업도 있다. 전국 규모로 철도를 운영하는 회사는 두 개가 있다. 하지만 그렇다고 해도 독일 철도에서 도이체반의 역할은 막강하다. 자유경쟁이라고 볼 수 없다. 민간 기업 등 지선에 참여하는 기업들에는 전체 시스템에 협력해야 하는 의무가 강제되고 있다.

박흥수 환경과 철도는 밀접한 관련이 있다. 다른 교통수단에 비해서 친환경적인 철도는 지속가능한 미래를 위해서도 상당히 중요한 인프라가 된다고 생각한다. 독일에서는 환경적 관점에서 철도에 대한 지원 정책 같은 것이 존재하는가?

베르너 레 세 가지 측면에서 지속 가능성을 항상 염두에 두고 있다. 사회적·경제적·환경적 측면이 그것이다. 노사 관계 등과 같은 사회적 측면과 효율성과 관련된 경제적 측면에 대한 고려도 필요하지만 환경적 측면도 빼놓을 수 없다. 이런 측면에서 에너지 효율성이 높은 새 기관차를 쓰는 것이 중요하다. 가장 중요한 것은 도로를 철도로 대체하는 것이다.

박흥수 경쟁 체제를 도입하려는 한국 정부에 충고나 조언을 해준다면?

베르너 레 렛 잇 비! (웃음) 그대로 두어라. 전 세계 어디서도 안 되는 것을 왜 한국 정부는 된다고 생각하는지 모르겠다. 통합적인 운영이 옳은 것이다. 경쟁이라는 것도 공정한 경쟁이 아니지 않나. 모든 이에게 동일한 기회를 주는 것도 아닌데 경쟁이라고 하는 것은 말이 안 된다. 스웨덴의 경우 경쟁 체제를 도입했다가 파국으로 귀결됐다. 지금은 아무도 그것을 언급하려 하지 않는다. '체리 피킹'(전체 시스템은 고려하지 않고 좋다고 여기는 방식만 골라서 도입하는 것)은 좋지 않은 결론으로 귀결되기 마련이다. 한국 상황에서 코레일은 매우 성공적인 모델이고 양질의 서비스를 제공하는 것으로 아는데, 코레일에 기회를 주면 된다. 앞으로 과제는 철도와 철도의 경쟁이 아니다. 철도와 (대기오염을 더 유발하는) 도로 교통의 경쟁을 고민해야 하는 것 아닌가. 도로 교통(이 수용하고 있는 부분)을 철도로 끌어오도록 해야 한다.

박흥수 제가 생각하기에는 철도의 사회적 역할을 제대로 수행하기 위해서는 공적인 소유 구조, 시민과 노동자가 참여하는 민주적인 기업 지배 구조, 철도에 대한 올바른 철학과 미래 전망에 입각한 운영, 이 세 가지가 중요하다. 한국에서는 신자유주의적 경향의 관료와 이에 지배당하는 학자들이 철도 정책을 독점적으로 주도하고 있는데, 이런 구조적 문제를 극복하기 위한 정치적·사회적 노력이 필요할 것 같다. 독일도 마찬가지일 것 같은데, 정당을 비롯한 정치권, 시민사회, 노동자들이 철도 정책에 대한 사회적 요구를 모아 제도화할 방법을 찾아야 할 것 같다.

베르너 레 전적으로 공감한다.

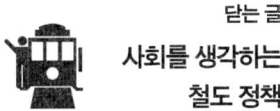

닫는 글
사회를 생각하는 철도 정책

이 책의 본론은 현재 진행 중인 철도 민영화 문제에 대한 비판적 고찰로 채워져 있다. 그렇다면 대안은 무엇일까? 한국 철도가 제대로 이 땅의 시민들에게 기여하면서 건강하게 발전할 수 있는 길은 어디에 있는 것일까? 이제부터 짧게 그 답을 하려고 한다. 철도가 제대로 달리기 위해서는 세 가지, 즉 소유 구조와 지배 구조, 그리고 운영 구조가 조화를 이루어야 한다.

우선, 소유 구조의 문제를 생각해 보자. 소유 구조란 철도의 주인이 누구인가를 의미한다. 철도의 주인은 이 땅의 모든 시민이다. 따라서 철도는 이 시민들이 권한을 위임한 국가기관이나 공기업에 의해 운영되어야 한다. 철도의 모든 자산과 운영에 대해 공적인 소유 구조를 명확히 하고 이를 뒤흔들려는 모든 시도에 단호히 반대해야 한다. 철도가 특정 기업의 손에 넘어갈 경우 상업적 고려에 의해서만 기능하게 된다. 다시 말해 이윤이 최고 가치가 된다는 것이다. 이윤을 위해서라면 안전, 사회적 역할, 요금 등 여러 가지 중요한 문제들은 부차적인 항목으로 밀려나게 될 것이다. 정부는 이를 통제할 수 있다고 장담하지만 자본주의 체제에서 소유권이 넘어갈 경우 주인이 자신의 소유물로 이윤을 얻기 위해 하는 행위를 제어하기는 거의 불가능하다.

이런 문제는 이미 민영화를 경험한 여러 나라가 증명해 준다. 민영 기업들은 정부가 정한 규정 요금만 준수하고, 그 밖의 비규제 항목에서는 마음대로 요금을 인상할 것이다. 민간의 경영 기법에 따라 다양한 비규제 요금 제도를 만들고 이를 통해 수익을 올리는데도 정부는 규정 요금을 지키기 때문에 문제가 없다고 말할 것이다. 실제로 영국에서 이런 일이 벌어졌다.

건강한 공기업으로 철도를 운행할 때라야 시민들이 당당하게 필요한 것을 요구할 수 있다. 승객 편의 시설이나 장애인 시설의 확충, 지역 노선의 열차 증설, 고속열차와 일반열차의 조화, 적절한 할인 요금제의 도입 등 주인의 입장에서 요구 사항을 말할 수 있는 것이다. 그러나 민간에 넘어가는 순간 시민들은 주인이 된 민간 회사에 사정해야 한다. 민간 회사는 수익 구조에 조금이라도 손해가 날 경우 손쉬운 방법을 택한다. 문제를 그대로 방치하거나 정부에 보조금을 요구하는 것이다.

다음으로 지배 구조의 문제다. 소유 구조가 공적이라고 해서 공공성이 완수되는 것은 아니다. 철도공사의 경영이 민간과 다를 바 없다면 제대로 된 공기업이라고 할 수 없다. 그러나 적자 탈출을 지상명령으로 부여받은 철도공사를 비롯한 많은 공기업들은 민간 기업과 다를 바 없는 성과주의에 내몰리고 있다.

정부는 공기업의 비효율을 말하면서 주인 없는 기업의 한계를 벗어날 수 없다고 말하지만 이것은 공기업의 주인인 시민들을 무시하는 말이다. 공기업의 주인을 시민에서 기업으로 바꾼 장본인이 바로 정부다. 고질적인 낙하산 인사, 투명하지 않은 경영에 대한 감독 부재, 특정 학맥·인맥 줄서기 방치 등 공기업이 제대로 설 수 없는 환경을 조성해 놓고는 공기업 경영진이 주인 의식과 책임 의식을 가질 수 없으니 민영화로 대안을 찾아야 한다는 것은 앞뒤가 안 맞는 말이다. 그동안 시민 단체나 노조는 끊임없이 투명한 공기업, 진정한 효율성을 가진 공기업을 만들기 위해서는 선진국에서 이미 시행되고 있는 경영 참여와 정책 참여가 필요하다고 주장해 왔다. 프랑스 철도공사의 공공철도이사회 같은 기구는 철도 경영 일반에 관해서 여러 이해 당사자가 머리를 맞대고 지속적으로 논의할 수 있는 길을 보장하고 있다. 공기업 관리 책임이 있는 정부와 운영자인 공기업의 노사, 시민 대표, 전문가들이 공기업의 부실이나 비리를 일상적으로 감시하고 제어할 수 있는 지배 구조를 구축하지 못할 이유는 없다.

박근혜 정부에서 2013년 8월 내내 진행됐던 첫 철도공사 사장 공모 절차가 무산됐다. 국토부 고위 관리가 사장 추천 위원들에게 자신들이 미는 사람을 선정하도록 부당한 압력을 넣었기 때문이다. 그나마 권력의 일방적 선임 방식을 보완하고 투명하게 전문가를 영입하기 위해 마련된 절차마저 정부에 의해 훼손되고 있는 실정이다. 공기업 사장 선임 과정에서 공정성과 투명성을 완벽하게 보장할 수 있는 대안이 필요하다. 또 공기업 경영진에 대해 일상적인 감시와 감사를 할 수 있는 체제 마련도 절실하다. 이를 위해 노조와 시민사회 대표, 전문가들의 경영 참여나 사회적 감시가 보장되어야 한다.

마지막으로 운영 구조의 문제를 살펴보자. 철도를 단순히 경제성의 잣대로 보고 서투른 수술에 돌입하는 순간 애초에 목표로 했던 효율성은커녕 사회적 비용만 더 치르게 된다. 철도는 그 나라의 사회경제적 조건뿐만 아니라 역사와 문화를 아우르는 총체적 자산이다. 따라서 철도에 대한 장기적 발전 전망을 수립하기 위해서는 철도의 사회적·경제적·문화적 가치가 제대로 구현될 수 있는 구조가 마련되어야 한다. 철도 중심의 교통 체계로 전환하기 위한 계획, 철도역과 노선이 지역사회의 삶과 문화의 구심점이 될 수 있도록 하는 방안, 더 많은 사람들이 더 편하게 철도를 이용할 수 있는 기반 시설과 이용 환경을 만드는 일, 남과 북의 철도 연결을 통한 평화 구축과 대륙 철도 연결에 대한 전망, 환경의 가치가 제대로 실현될 수 있는 종합적인 철도 운영 정책을 구현할 수 있는 체제를 마련해야 한다. 시민을 위한 든든한 공기업, 부정과 비리가 없는 투명한 철도공사, 철학과 영혼이 있는 미래지향적 철도 정책의 삼박자가 갖춰져야 한다.

―――――――

지금도 국토부는 수서발 KTX 운영 자회사 법인 설립을 위한 절차 마련을 비롯해 철도 민영화 추진을 위한 수순을 밟고 있다. 국토부 장관부터 신념을 가지고 밀어붙이고 있는 이 일련의 일들을 바라만 보는 일은 정말 고통스럽다. 정부는 이런 과정에서 발생한 대구역 사고조차 경쟁 회사 설립의 명분으로 이용하는 행태를 보이고 있다. 국토부는 민영화 추진의 제약 사항을 없애겠다며 국회에 철도사업법 개정안에 대한 입법 예고까지 하고 있다. 법안은 철도 민영화를 추진하는 데 걸림돌이 되는 여러 가지 조항들을 개악하는 내용으로 채워져 있다. 국토부 관료들은 속전속결 전방위적으로 철도 민영화 작업에 나서고 있다. 철도를 경제적 재단의 대상으로만 보고 민간에 넘겨 수익 창구로 만들겠다는 사람들에게 철도의 운명을 맡기는 것은 옳지 않다.

    마지막 믿는 구석은 양심의 힘이다. 철도 민영화를 막겠다고 각오를 다지고 있는 나의 동료들인 철도 노동자를 믿는다. 지방 적자선의 민간 개방이나 폐선을 반대하는 지역 주민들을 믿는다. 철도는 우리 모두의 것이어야 한다고 생각하는 이 땅의 주인들, 시민들을 믿는다.

부록 4 ― 한국 철도 구조 개편 및 민영화 추진 연표

연도	일자	내용
1980년	5월	세계은행으로부터 철도 차관 도입 협정 과정에서 국영 철도청을 공사화하기로 약속
	9월	전두환 신군부 집권
1988년	2월	노태우, 대통령 취임
1989년	12월	〈한국철도공사법〉 제정, 공사화 추진
1992년	12월	1993년으로 계획된 공사화를 1996년으로 연기
1993년	2월	김영삼, 대통령 취임
1995년	8월	철도 공사화 백지화
1996~98년	3월	• 〈국유철도의 운영에 관한 특례법〉 제정. 국유화 유지하면서 경영 개선 추진 • 교통개발연구원(현 교통연구원)에서 철도 민영화 필요성 제기
1997년	8월 28일	〈공기업의 경영 구조개선 및 민영화에 관한 법률〉 제정
	11월	외환 위기로 IMF 관리 체제 돌입
1998년	2월	• 김대중, 대통령 취임 • 정리해고제 도입을 내용으로 하는 근로기준법 개정
	7월 3일	제1차 공기업 민영화 추진 계획 발표
1998년	10월~1999년 2월	철도청 경영 진단 연구 용역 수행
1999년	3월	연구 용역 보고서 결과에 근거해 한국생산성본부 및 가립회계법인이 철도 민영화 건의
	5월	철도 민영화 및 시설공단화 정부 방침 결정
	10월~2000년 6월	정부 의뢰로 삼일회계법인이 "철도구조개혁 실행방안개발" 연구 용역 실시
2000년	1월 14일	대법원 판결 "철도노조 대의원은 조합원의 직접 비밀 무기명 투표로 선출해야 한다"
	1월 26일	철도 노동자들이 노조위원장 및 대의원 전면적 직선제 쟁취를 위한 공동투쟁본부 결성
	3월 7일	철도노조 울진에서 대의원대회, 위원장 전면적 직선제로 하되 전임 어용 집행부 임기 보장
2001년	2월	철도산업구조개혁추진위원회규정(대통령령제17131호) 제정
	3월	철도산업구조개혁단 발족
	5월 21일	철도노조 사상 최초로 위원장 직접선거 실시, 노조 민주화
	7월	철도구조개혁심의위원회에서 철도 민영화 방안을 담은 대정부 건의안 제출
	12월 4일	철도구조개혁기획단 설치 규정(건설교통부 훈령) 제정
	12월 17일	철도 민영화 내용을 담은 〈철도산업발전및구조개혁에관한법률안, 한국철도시설공단법안〉 법률안 국회 제출
	12월 26일	정부, 철도산업구조개혁기획단 발족
	12월 28일	〈철도산업구조개혁기본계획〉 확정
2002년	2월 26일	민주노총, 노동법 개악 저지 및 공공3사 민영화 반대 투쟁
	2월 25~27일	1947년 이후 55년 만에 노조 주도로 철도 민영화 저지를 위한 철도노조 파업
	10월 21일	국유철도인 철도청에 대한 민영화 법안인 〈한국철도주식회사법안〉 국회 제출
2003년	1월 28일	대통령직 인수위원회 철도 구조 개혁 조정 방안 발표, 국가 기간산업의 민영화 중단 및 철도 공사화 추진 방향 천명
	2월	노무현, 대통령 취임
	4월 28일	노사정 합의로 철도 구조 개혁은 사회적 합의 과정을 거쳐서 추진하기로 결정
	6월 9일	4월 28일의 합의를 깨고 건설교통부 일방적 주도로 철도 구조 개혁 3개 법안 국회 제출
	6월 28~30일	건설교통부의 일방적 철도개편 방침에 맞선 철도노조 총파업
	6월 30일	• 국유 철도인 철도청을 철도공사와 철도시설공단으로 분리하는 내용을 담은 〈철도산업발전기본법안〉, 〈한국철도시설공단법안〉 국회 본회의 통과 • 〈철도공사법〉은 국회 건교위 소위원회 계류
	7월 15일	철도 구조 개혁 관련 법률 공포
	12월	〈한국철도공사법〉 공포
2004년	1월	철도시설공단 설립
2005년	1월	한국철도공사 설립
2008년	2월	이명박, 대통령 취임
	10월 10일	이명박 정부의 공기업 선진화 계획에 따라 2010년까지 철도 영업 적자 50퍼센트 감축 및 2012년 흑자 전환을 목표로 외주 위탁, 구조 조정 가속화 결정. 영업 적자 감축 실패시 민영화 추진 검토 천명

연도	날짜	내용
2009년	11월	국토부, 한국교통연구원에 '철도산업 경쟁력 제고를 위한 연구' 의뢰
	12월	• 수서발 KTX 기본계획 고시 • 철도 운영 경쟁 체제 도입을 위한 교통연구원의 연구용역 실시
2010년	10월	대우건설이 수서발 KTX 운영안 등을 담은 "GREEN 고속철도 민간투자사업 사업제안서" 제출
	12월	한국교통연구원, KTX 경쟁 체제 도입 방안이 포함된 최종 보고서("철도 산업 발전 경쟁력 강화를 위한 용역 보고서")를 비공개로 작성. 대우건설의 보고서와 유사한 내용을 담아 수서발 KTX 민영화와 관련된 사회적 논란 촉발
2011년	2월	한나라당 최구식, 백성운 의원 주최 "철도 운송 시장의 경쟁 도입과 효과" 토론
	5월	수서발 KTX 노반 공사 시작
	9월 28, 12월 6일	수서발 KTX 민간 개방을 통한 경쟁 체제 도입 내용을 담은 세미나 실시(주최: 한국교통연구원)
	12월 19일	국토부 철도정책관 인사 조치, 철도 민영화에 소극적이었던 인사 대신 김대중 정권 때부터 철도 민영화 전도사로 나섰던 인사로 전격 교체
	12월 26일	김진애, 강기갑 국회의원 KTX 민영화 반대 기자회견
	12월 27일	국토해양부, 대통령 업무 보고에서 '수서발 KTX 경쟁 체제 도입' 발표
2012년	1월 10일	철도노조 전국지부장 회의 개최, KTX 민영화 저지 투쟁 결의
	1월 11일	• 민주통합당, 'KTX 민영화 저지 투쟁위원회' 구성 • 철도노조, 국토해양부 앞 기자회견 및 집회
	1월 12일	• 국토해양부 주관으로 KTX 민영화 관련 '민간사업자 설명회 개최' • 한나라당 비대위원회 KTX 민영화 반대 입장 표명
	1월 18일	• KTX 민영화 저지와 철도 공공성 강화를 위한 범국민대책위 출범 및 기자회견 • KTX 민영화 반대 1백만 인 서명운동 시작
	1월 20일	• 국토해양부와 한국철도공사 양자 토론회 개최 • 범대위 '밀실 토론 중단' 기자회견
	1월 25일	KTX 대책위, 공문과 보도 자료를 통해 졸속이며 일방적인 대국민 토론회 중단하고, 충분한 사전 협의를 통해 공정한 토론회가 진행될 수 있도록 별도의 일정을 잡아 추진할 것을 요구
	1월 30일	• 국토해양부, 일방적인 대국민 공개토론회 진행 • KTX 대책위, 30일 대국민 공개토론회 규탄 기자회견 및 항의 시위 전개
	2월 1일	김진애, 강기갑 의원 주최, 'KTX 민영화 무엇이 문제인가'라는 주제로 국회 공개토론회 진행
	2월 4일	철도노조 주최 'KTX 민영화 저지와 철도 공공성 강화를 위한 철도노동자 1차 결의대회' 개최
	2월 27일	• 철도노조, 서울행정학회 주최 '철도산업 경쟁 도입에 관한 전문가 토론회' 개최 • 국토부 RFP(입찰제안요청서) 초안 발표
	4월 17일	KTX 민영화 저지 철도노조 파업 결의 기자회견
	4월 19일	국토해양부 "수서발 KTX 운송사업 제안요청서" 정부안 발표
2013년	1월	• 철도 선로 배분권, 철도공사에서 철도시설공단으로 이관 추진 • 국토부, 18대 대통령직 인수위원회에 KTX 경쟁 체제 도입 보고
	2월	박근혜, 대통령 취임
	4월 4일	국토부, 합리적 경쟁도입 방안을 5월까지 마련하기로 하는 내용의 대통령 업무보고
	4월 23일	국토부, 수서발 KTX 신설 철도 법인 투자를 위해 국민연금공단 관계자 면담
	4월 25일	국토부, 철도 경쟁도입 관련 민간 전문가 위원회 구성 제안
	5월 7일	국토부 주관 철도 발전방안 마련을 위한 민간검토위원회 제1차 회의 개최
	5월 16일	국토부가 방침을 정해놓고 일방적으로 결론을 유도하는 것에 반발하여 민간검토위원회 위원 20명중 4인 사퇴
	5월 23일	민간검토위원회 '철도구조개혁(안)' 국토부에 제출
	5월 28일	• 국토부, 열차 등급제 및 운임상한제 폐지 등을 도입하기 위한 '철도운임 산정 기준 개정을 위한 정책 연구용역 추진 계획' 수립 • 국토부, 운임 상한제 폐지, 공항 철도 매각 등의 내용을 담은 '한국철도공사 경영효율화 종합대책(안)' 코레일에 제출
	6월 26일	국토부는 철도산업위원회 심의를 거쳐 수서발 KTX 경쟁 체제 도입 및 코레일에 대한 지주회사와 자회사로의 분리, 지방선 민간 경쟁입찰 등의 내용을 담은 "철도 산업 발전 방안" 발표
	6월 27일	철도노조, 철도 민영화 강행시 파업 돌입 결정(찬성 89.7%)
	7월	수서발 KTX 운영 준비단 설치하여 신설 법인 설립 준비 강행
	9월 3일	철도 경쟁 체제 도입과 민영화 완수를 위한 철도 관련 법안 입법 예고
	9월 4일	국토부는 연내 수서발 KTX 운영 회사의 법인 설립과 철도 사업 면허 절차를 끝내고 본격적인 운영 준비를 시작할 것이라고 밝힘